# 큰별쌤 최태성의
# 한국사 신문

### ③ 조선 전기

기획·글 **최태성**
글 **김혜성**
그림 **송진욱**

**아이스크림북스**

📖 머리말

# 한국사를 신문으로 보면
# 역사의 문이 활짝 열립니다!

안녕하세요, 큰★별쌤 최태성입니다.

저는 오래전부터 이런 생각을 해 왔습니다.

'어린이들이 역사를 좀 더 재밌고, 의미 있게 만날 수는 없을까?'

역사는 단순히 오래된 과거 이야기가 아닙니다. 지금의 나 그리고 우리가 살아가는 세상을 더 깊이 이해하게 해 주는 살아 있는 이야기입니다.

그래서 이번엔 아주 특별한 방식으로 여러분과 역사를 만나고 싶었습니다.

바로 신문입니다!

『큰별쌤 최태성의 한국사신문』은 이름처럼 신문 기사 형식으로 한국사를 풀어 낸 책이에요.

역사 속 주요 사건과 인물을 기자가 되어 직접 취재한 듯 생생하게 담았어요.

마치 오늘 벌어진 일처럼 기사로 정리하고, 역사 속 인물을 인터뷰하고, 광고도 실어 보고, 큰별쌤의 생각을 전하는 칼럼도 함께 담았습니다.

이 책을 펼치면 여러분은 저와 함께 타임머신을 타고 시간 여행을 떠나게 될 거예요.

기사를 읽듯 술술 읽히면서도, 머릿속에는 그 시대의 모습이 그려지고, '왜 이런 일이 일어났을까?', '나는 어떻게 생각하지?'라는 질문이 떠오를 거예요.

이렇게 질문을 던지는 순간, 여러분은 이미 역사를 '공부'하는 것이 아니라 '이해'하고 '생각'하는 멋진 역사 탐험가가 된 거랍니다.

역사는 그냥 외우는 과목이 아니에요. 역사 공부를 통해 우리는 세상을 바라보는 눈과 생각하는 힘을 기를 수 있어요. 그 힘은 여러분이 앞으로 살아가며 만나게 될 세상 속 수많은 선택의 순간에 분명히 도움이 될 거예요.

『큰별쌤 최태성의 한국사신문』 시리즈는 선사 시대부터 근현대까지 한국사의 흐름을 꿰뚫는 여정을 담고 있어요. 이 책은 그 세 번째 여정으로, '조선 전기'를 다루고 있어요. 신문을 읽듯 가볍게 시작하되, 그 안에서 많은 질문을 던지며 나만의 생각을 쌓아 보세요.

이 책이 여러분에게 역사의 문을 여는 열쇠가 되길 바랍니다. 그리고 그 문 너머에서 과거와 현재를 잇는, 미래로 향하는 멋진 여행을 함께 떠나 보아요.

그럼, 큰★별쌤과 함께 출발해 볼까요?

2025년 8월

큰★별쌤 최태성

# 한국사신문을 소개합니다!

### ① 큰★별 기자, 한국사 뉴스를 전하다!

> "역사를 바라보는 올바른 눈을 키우고
> 새로운 가치를 읽어 내는 새로운 한국사신문"

중요한 역사적 사건과 인물을 신문 기사에 담았습니다.
큰별 기자가 당대와 현재를 오가며
한국사를 더욱 생생하고 풍성하게 전달합니다.

큰별 기자가 역사에서 주요한 사건과 인물, 의의를 담백하게 전합니다.

역사는 과거와 현재의 끊임없는 대화죠. 큰별 기자가 당대의 인물을 직접 만나 봅니다.

큰별 기자가 역사를 아우르는 통찰력으로 과거를 해석하고, 오늘을 살아가는 우리에게 역사 속 메시지를 되새기게 합니다.

보도하는 큰별 기자

인터뷰하는 큰별 기자

해석하는 큰별 평론가

## 2 이렇게 읽으면 학습 효과가 두 배, 재미는 무한대

**기사 제목으로 사건 상상하기**
역사적 사실을 한 문장으로 압축했어요. 제목만 읽어도 한국사의 큰 흐름을 파악할 수 있어요.

**재치 있는 삽화**
그림만으로도 기사 내용이 머리에 쏙쏙 들어와요.

**기사로 알찬 역사 지식이 쏙쏙!**
꼭 알아야 할 역사 속 이야기를 기사 형식으로 풀어 냈어요. 마치 엊그제 일어난 일처럼 즐길 수 있어요.

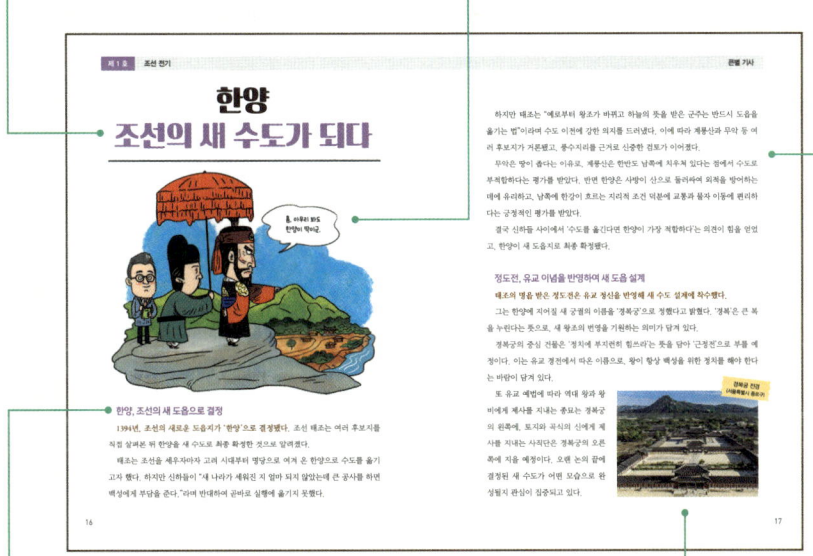

**소제목으로 주요 내용 짚기**
기사마다 중요한 내용을 부제로 만들어 핵심 내용을 파악하기 쉬워요.

**풍부한 자료 사진**
당대를 생생하게 느낄 수 있는 사진이 가득해요.

### 일러두기
1. 역사적 사실을 고증하거나 평가할 때는 교과서를 기준으로 삼았습니다.
2. 사실에 기초하여 기사를 집필하였으나, 신문의 형식에 맞추고 어린이들이 이해하기 쉽도록 사실 범위에서 가공한 부분도 있습니다.
3. 용어나 지명은 가능한 한 해당 시기의 명칭을 사용하는 것을 원칙으로 하였으나, 확인할 수 없는 경우에는 현재의 명칭을 그대로 썼습니다.
4. 역사상 인물의 모습은 초상화나 인물화를 기초로 삼았으나, 자료가 남아 있지 않은 경우에는 임의로 그렸습니다.
5. 역대 국왕의 명칭은 원래 사후에 정해지지만 편의상 당대에도 쓰인 것처럼 표기하였습니다.

## ③ 이렇게 구성되었어요

### 1면 헤드라인

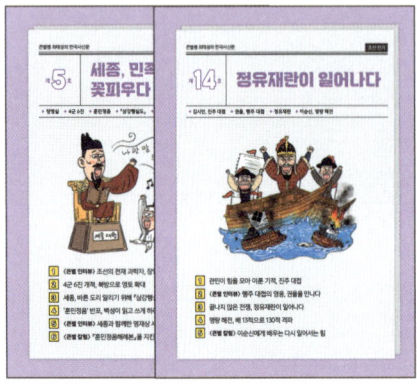

각 호별로 기사, 인터뷰, 칼럼으로 구성되어 있습니다. 헤드라인에서는 각 신문에서 다루는 핵심 사건과 기사 제목을 소개합니다.

### 큰별 기사

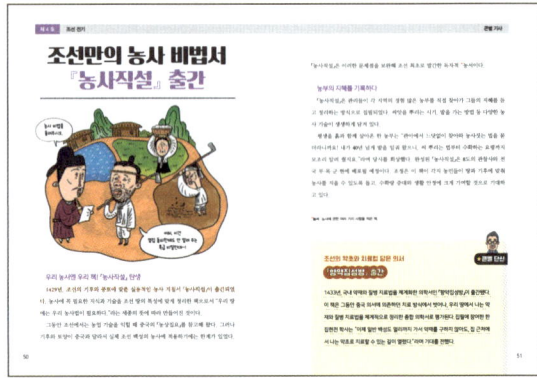

해당 주요 사건을 육하원칙에 따라 다뤘습니다. 그리고 핵심 내용을 쉽게 파악하도록 색으로 표시했습니다.

### 큰별 광고

당시 상황을 풍자적으로 담아낸 광고입니다. 시대상과 문화를 유쾌하게 표현해 역사적 상상력을 자극하고, 배경지식까지 함께 제공합니다.

## 큰별 인터뷰

## 큰별 칼럼

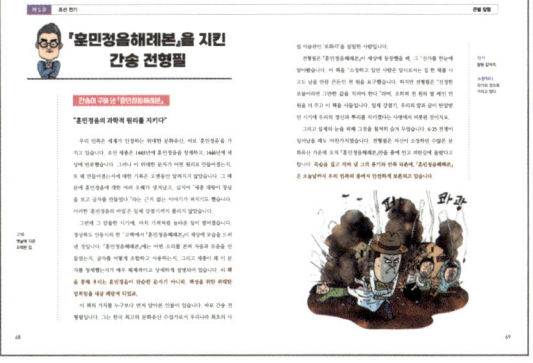

큰별 기자가 역사 속 인물을 직접 만나 이야기를 들어 보는 상상 인터뷰입니다. 인물의 생각과 감정을 느껴 볼 수 있습니다.

큰별 기자가 직접 들려주는 해설 코너입니다. 역사적 의미와 배경, 오늘날과의 연결점을 쉽고 깊이 있게 전합니다. 칼럼을 읽고 나만의 견해를 생각해 볼 수 있습니다.

## 연표 부록

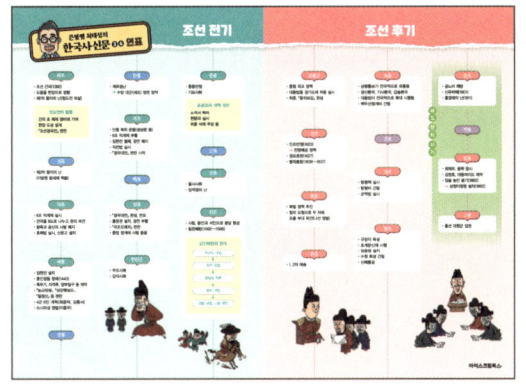

책 속 주요 사건이 전체 역사 흐름에서 어떤 위치인지 맥락을 파악하며 내용을 정리합니다.

# 차 례

머리말

한국사신문을 소개합니다

## 제1호 조선 전기 | 새로운 나라 조선이 세워지다 · 13

1. 기사  태조 이성계, 조선을 건국하다 … 14
2. 기사  한양, 조선의 새 수도가 되다 … 16
3. 인터뷰 조선의 설계자, 정도전을 만나다 … 18
4. 칼럼  왕과 신하가 함께 이끄는 조선을 꿈꾸다 … 20

## 제2호 조선 전기 | 조선의 기틀을 다지다 · 23

1. 기사  조선만의 천문 지도, '천상열차분야지도' 공개 … 24
2. 기사  도읍을 지킬 성곽, 한양 도성이 완성되다 … 26
3. 인터뷰 왕자의 난을 일으킨 이방원의 속마음은? … 28
4. 칼럼  권력 앞에서 엇갈린 아버지와 아들 … 30

## 제3호 조선 전기 | 태종, 강력한 왕권을 꿈꾸다 · 33

1. 기사  '신문고' 설치, 백성의 억울함 듣는다 … 34
2. 기사  혼일강리역대국도지도, 조선의 세계관을 담다 … 36
3. 기사  조선, 8도 체제로 개편해 중앙에서 다스리다 … 38
4. 기사  태종, 6조 직계제로 왕권을 강화하다 … 40
5. 칼럼  아들 세종을 위한 태종의 선택 … 42

### 제4호　조선 전기 | 세종, 백성을 위한 나라를 만들다 · 45

1. 기사　충녕 대군, 왕의 자리에 오르다 … 46
2. 광고　분청사기 제작 가마에 알립니다 … 48
3. 기사　조선만의 농사 비법서, 『농사직설』 출간 … 50
4. 인터뷰　세종이 아낀 인재들, 집현전 학사를 만나다 … 52
5. 칼럼　백성을 위한 마음, 과학으로 꽃피다 … 54

### 제5호　조선 전기 | 세종, 민족 문화를 꽃피우다 · 57

1. 인터뷰　조선의 천재 과학자, 장영실을 만나다 … 58
2. 기사　4군 6진 개척, 북방으로 영토 확대 … 60
3. 기사　세종, 바른 도리 알리기 위해 『삼강행실도』 편찬 … 62
4. 기사　'훈민정음' 반포, 백성이 읽고 쓰게 하라 … 64
5. 인터뷰　세종과 함께한 명재상 세 명을 만나다 … 66
6. 칼럼　『훈민정음해례본』을 지킨 간송 전형필 … 68

### 제6호　조선 전기 | 왕위를 둘러싼 권력 다툼이 벌어지다 · 71

1. 기사　단종, 열두 살 어린 나이로 왕위에 올라 … 72
2. 기사　수양 대군, 계유정난 2년 만에 왕위에 오르다 … 74
3. 인터뷰　사육신에게 듣는 단종 복위 사건 … 76
4. 기사　현직 관리에게만 토지 지급, '직전법' 실시 … 78
5. 칼럼　압구정에 숨겨진 한명회의 권력과 몰락 이야기 … 80

### 제7호 　조선 전기 | 성종, 사림을 등용하다 · 83

1. 기사　성종, 사림 전격 등용, 조정 내 세력 균형 시도 … 84
2. 기사　성종, 홍문관 확대 개편 … 86
3. 인터뷰　사헌부, 사간원, 홍문관 언론 3사의 관리를 만나다 … 88
4. 칼럼　'아니 되옵니다'의 나라, 조선 … 90

### 제8호 　조선 전기 | 성종, 나라의 기틀을 완성하다 · 93

1. 기사　『경국대전』 반포, 조선의 기본 법전 완성 … 94
2. 광고　성종의 책장 속 베스트셀러 … 96
3. 인터뷰　성균관 유생에게 듣는 조선의 관리 등용 제도 … 98
4. 칼럼　성종의 성리학 질서 강화, 여성의 삶을 가두다 … 100

### 제9호 　조선 전기 | 연산군, 조선의 빛을 가리다 · 103

1. 기사　무오사화와 갑자사화, 사림이 큰 화를 입다 … 104
2. 기사　홍문관 폐지, 언론 기관을 탄압하다 … 106
3. 인터뷰　연산군 시대, 신조어 '흥청망청'이 생겨난 이유 … 108
4. 칼럼　연산군, 사치와 폭정으로 쫓겨난 최악의 임금 … 110

## 제 10 호 | 조선 전기 | 조선을 뒤흔든 개혁의 바람 · 113

1. 기사    중종반정, 폭군의 시대가 끝나다 … 114
2. 인터뷰   조광조의 등장, 개혁은 멈출 수 없다 … 116
3. 기사    기묘사화, 조선을 뒤흔든 나뭇잎 … 118
4. 칼럼    문정 왕후를 어떻게 볼 것인가 … 120

## 제 11 호 | 조선 전기 | 흔들리는 조선 사회 · 123

1. 기사    비변사, 을묘왜변 이후 공식 기구로 승격 … 124
2. 인터뷰   임꺽정은 도적인가, 의적인가? … 126
3. 광고    백자와 사군자화, 선비의 정신을 만나다 … 128
4. 인터뷰   조선의 숨은 일꾼, 신량역천의 목소리를 듣다 … 130
5. 칼럼    무거운 세금이 불러온 임꺽정의 난 … 132

## 제 12 호 | 조선 전기 | 붕당 정치가 시작되다 · 135

1. 기사    백운동 서원의 새 이름, 소수 서원 … 136
2. 기사    동인 VS 서인, '붕당 정치' 본격 시작 … 138
3. 인터뷰   조선의 대학자, 이황과 이이를 만나다 … 140
4. 기사    사림, 지방 사회에서 향약으로 영향력 강화 … 142
5. 칼럼    신사임당, 현모양처의 상징을 넘어 … 144

### 제 13 호 　조선 전기 | 임진왜란이 일어나다 · 147

1. 기사　임진왜란 발발, 백성 버리고 피란길 오른 선조 … 148
2. 기사　이순신, 한산도 앞바다에서 대승 … 150
3. 인터뷰　나라를 구한 백성들, 의병이 떴다 … 152
4. 칼럼　승리의 기쁨보다 반성을 기록한 류성룡 … 154

### 제 14 호 　조선 전기 | 정유재란이 일어나다 · 157

1. 기사　관민이 힘을 모아 이룬 기적, 진주 대첩 … 158
2. 인터뷰　행주 대첩의 영웅, 권율을 만나다 … 160
3. 기사　끝나지 않은 전쟁, 정유재란이 일어나다 … 162
4. 기사　명량 해전, 배 13척으로 130척 격파 … 164
5. 칼럼　이순신에게 배우는 다시 일어서는 힘 … 166

### 제 15 호 　조선 전기 | 임진왜란 그 이후 · 169

1. 기사　유정의 활약으로, 일본에 끌려간 포로 귀환 … 170
2. 인터뷰　조선의 도자기 기술로 일본을 놀라게 하다 … 172
3. 칼럼　임진왜란 이후 조선의 미래는 어디로? … 174

큰별쌤 최태성의 한국사신문 　　　　　　　　　　　조선 전기

## 제 1 호 새로운 나라 조선이 세워지다

◆ 조선 건국　◆ 한양 천도　◆ 정도전

1. 태조 이성계, 조선을 건국하다
2. 한양, 조선의 새 수도가 되다
3. **〈큰별 인터뷰〉** 조선의 설계자, 정도전을 만나다
4. **〈큰별 칼럼〉** 왕과 신하가 함께 이끄는 조선을 꿈꾸다

제 1 호 　 조선 전기

# 태조 이성계 조선을 건국하다

### 이성계, 새 시대의 문을 열다

1392년, 이성계가 왕위에 오르며 새로운 왕조가 시작되었다. 정치적 혼란이 이어지는 고려 말, 이성계는 급진파 신진 사대부와 뜻을 모아 새로운 나라를 세울 준비를 해 왔다. 이로써 약 500년 동안 이어져 온 고려 왕조가 막을 내리고, 조선이라는 새로운 시대가 열리게 된 것이다.

이성계와 함께 새 나라를 세운 신진 사대부는 국가의 기본 이념으로 유교를 채택하며 "유교의 가르침을 바탕으로 나라를 운영할 것"이라고 밝혔다. 이는 백성을 근본으로 삼고, 도덕과 질서를 중시하는 정치 이념을 실현하겠다는 뜻으로 풀이된다.

### 이성계, 위화도 회군으로 권력 장악

왕조 교체의 결정적 계기는 1388년 벌어진 '위화도 회군'이었다. 당시 이성계는 고려 우왕의 명을 받아 요동 정벌에 나섰지만, 전쟁을 벌이기에 적절한 시기가 아니라고 판단해, 위화도에서 군사를 돌려 개경으로 귀환했다. **이후 그는 최영과 우왕을 몰아내고 권력을 장악했으며, 신진 사대부와 함께 개혁에 나섰다.**

대표적인 조치는 과전법 시행이었다. 과전법은 권문세족이 불법으로 소유한 토지를 국가가 다시 거두어들이고, 그 땅에서 세금을 거둘 수 있는 권리를 관리의 등급에 따라 나누어 주는 제도이다. 이로써 권문세족의 세력을 약화하고 신진 사대부에게는 경제적 기반을 마련해 주는 동시에 국가 재정도 확보할 수 있었다.

### 새 나라의 이름은 '조선'

이성계는 새 나라의 이름을 정할 때도 신중했다. 이웃 나라인 명과의 관계를 고려해 국호를 독단적으로 정하지 않고 두 가지 후보를 제시했다. 바로 '조선'과 '화령'인데, '조선'은 우리 역사 최초의 국가인 고조선에서 비롯되었고, '화령'은 이성계가 태어난 곳이다.

그는 명에 이 두 가지 이름을 보내 선택을 맡겼고, 최종적으로 '조선'이 국호로 결정되었다. **'조선'에는 고조선부터 시작된 역사를 *계승한다는 의미가 담겨 있다.** 조선은 이제 새로운 출발선에 섰다. 고려 말 혼란스러웠던 시기를 딛고 새로운 시대가 열린 만큼, 이성계와 신진 사대부가 이끌어 갈 조선의 미래에 관심이 집중되고 있다.

---

***계승하다** 조상의 전통이나 문화유산, 업적을 물려받아 이어 나가다.

제1호  조선 전기

# 한양
# 조선의 새 수도가 되다

### 한양, 조선의 새 도읍으로 결정

1394년, 조선의 새로운 도읍지가 '한양'으로 결정됐다. 조선 태조는 여러 후보지를 직접 살펴본 뒤 한양을 새 수도로 최종 확정한 것으로 알려졌다.

태조는 조선을 세우자마자 고려 시대부터 명당으로 여겨 온 한양으로 수도를 옮기고자 했다. 하지만 신하들이 "새 나라가 세워진 지 얼마 되지 않았는데 큰 공사를 하면 백성에게 부담을 준다."라며 반대하여 곧바로 실행에 옮기지 못했다.

하지만 태조는 "예로부터 왕조가 바뀌고 하늘의 뜻을 받은 군주는 반드시 도읍을 옮기는 법"이라며 수도 이전에 강한 의지를 드러냈다. 이에 따라 계룡산과 무악 등 여러 후보지가 거론됐고, 풍수지리를 근거로 신중한 검토가 이어졌다.

무악은 땅이 좁다는 이유로, 계룡산은 한반도 남쪽에 치우쳐 있다는 점에서 수도로 부적합하다는 평가를 받았다. 반면 한양은 사방이 산으로 둘러싸여 외적을 방어하는 데에 유리하고, 남쪽에 한강이 흐르는 지리적 조건 덕분에 교통과 물자 이동에 편리하다는 긍정적인 평가를 받았다.

결국 신하들 사이에서 '수도를 옮긴다면 한양이 가장 적합하다'는 의견이 힘을 얻었고, 한양이 새 도읍지로 최종 확정됐다.

## 정도전, 유교 이념을 반영하여 새 도읍 설계

**태조의 명을 받은 정도전은 유교 정신을 반영해 새 수도 설계에 착수했다.**

그는 한양에 지어질 새 궁궐의 이름을 '경복궁'으로 정했다고 밝혔다. '경복'은 큰 복을 누린다는 뜻으로, 새 왕조의 번영을 기원하는 의미가 담겨 있다.

경복궁의 중심 건물은 '정치에 부지런히 힘쓰라'는 뜻을 담아 '근정전'으로 부를 예정이다. 이는 유교 경전에서 따온 이름으로, 왕이 항상 백성을 위한 정치를 해야 한다는 바람이 담겨 있다.

또 유교 예법에 따라 역대 왕과 왕비에게 제사를 지내는 종묘는 경복궁의 왼쪽에, 토지와 곡식의 신에게 제사를 지내는 사직단은 경복궁의 오른쪽에 지을 예정이다. 오랜 논의 끝에 결정된 새 수도가 어떤 모습으로 완성될지 관심이 집중되고 있다.

경복궁 전경
(서울특별시 종로구)

| 제 1 호 | 조선 전기 |

# 조선의 설계자 정도전을 만나다

조선 건국 이야기에서 절대 빠질 수 없는 인물이 있습니다. 바로 '조선의 설계자'라고 불리는 정도전입니다. 그는 여러 가지 정책을 마련하여 조선의 기틀을 다졌죠. 지금부터 정도전 선생님을 만나 조선이 어떻게 세워졌는지, 그 이야기를 함께 들어 보겠습니다.

하나부터 열까지 내 손길이 닿지 않은 부분이 없다네~!

**큰별**: 안녕하세요. 조선을 건국하는 데 큰 힘을 보태셨다고 들었어요. 고려를 개혁하기보다 조선이라는 새로운 나라를 세워야 한다고 생각하신 이유가 있나요?

**정도전**: 정몽주 선생처럼 고려를 개혁해야 한다는 생각은 했지만, 새로운 나라를 세우는 데에는 반대하는 사대부도 있었습니다. 하지만 그때 고려는 이미 기

큰별 인터뷰

울 대로 기울어 있었어요. 권문세족의 *부정부패가 극심했고, 백성은 고된 삶 속에서 희망조차 잃어버렸죠. 그렇다면 차라리 처음부터 깨끗하게 새 판을 짜는 게 낫겠다고 생각했습니다. 이성계 장군에게는 힘이 있고 제게는 새로운 세상을 향한 계획이 있었으니, 우리 둘이 힘을 모으면 새 나라를 만들 수 있다고 믿었지요.

**처음부터 새로 시작하는 게 더 낫다고 보신 거군요. 그렇다면 조선이 세워진 뒤에는 주로 어떤 일을 맡으셨나요?**

우선 조선의 수도인 한양을 설계했지요. 유교 경전에 나오는 가르침에 따라 궁궐의 위치는 어디로 할지, 도성을 보호하는 성곽은 어떻게 쌓을지 하나하나 계획했어요. 조선은 유교 이념을 바탕으로 세워진 나라였기 때문에 건물이나 사대문 이름도 유교적 가치를 반영하여 지었죠.

**역시 '조선의 설계자'라는 말이 딱 어울리네요! 그 외에 국가 운영의 기본 원칙도 마련하셨다고 들었습니다.**

그렇습니다. 『조선경국전』이라는 법전을 지어 나라를 어떻게 다스려야 할지에 대한 원칙과 방향을 제시했죠. 임금과 신하는 어떤 역할을 해야 하는지, 정치는 어떻게 해야 하는지, 나라의 재정을 튼튼히 하는 방법은 무엇인지, 관리는 어떻게 뽑아야 하는지 등을 담고 있죠. 법전이라고는 하지만 일종의 '국가 운영 설명서'라고 할까요?

정도전이 없었다면 과연 이성계가 조선을 세울 수 있었을까요? 정도전은 조선의 제도와 통치 이념을 설계하며, 유교적 민본주의를 토대로 백성을 나라의 중심에 놓았습니다. 조선 건국은 이성계의 리더십과 정도전의 통찰력이 만들어 낸 역사였습니다. 지금까지 큰별 기자였습니다.

***부정부패** 바르지 못하고 타락한 상태.

제 1 호　　조선 전기

# 왕과 신하가 함께 이끄는 조선을 꿈꾸다

### 새로운 세상을 꿈꾼 개혁가

**"강한 왕보다 현명한 신하를 믿다"**

　　조선을 세운 인물로 대부분 이성계를 떠올립니다. 하지만 "조선을 설계한 이는 정도전이고, 세운 이는 이성계이다."라는 말이 있어요. 그 정도로 정도전 역시 새 왕조 건설에 결정적인 역할을 한 인물입니다. 그는 말 그대로 '조선의 설계자'였으니까요.

　　고려 말 신진 사대부였던 정도전은 당시 권력을 장악하고 있던 권문세족에 맞서다가 유배를 가게 됩니다. 유배 기간에 그는 지배층의 \*수탈과 잦은 전쟁으로 \*피폐해진 백성의 삶을 직접 목격했지요. 당시 고려는 권문세족이 권력을 독점하던 시기였고, 이들은 백성의 땅을 빼앗아 대농장을 운영하며 국가에 들어갈 세금까지 가로채 나라의 재정을 위태롭게 했습니다. 그 결과 고려는 재정난에 시달렸고, 백성은 "송곳 꽂을 땅도 없다."라는 말이 나올 정도로 심하게 고통받고 있었지요.

　　이런 비참한 현실을 마주한 정도전은 더는 고려에 희망이 없다고 생각했어요. 단순히 개혁만으로는 백성의 삶을 나아지게 할 수 없다고 판단했죠. 그래서 이성계와 힘을 합쳐 새로운 나라를 세우기로 결심합니다. **그리고 유교 이념을 바탕으로, 백성을 나라의 근본으로 삼는 국가를 만들고자 했습니다.**

**수탈**
강제로 빼앗음.

**피폐하다**
지치고 쇠약해지다.

## 큰별 칼럼

　이성계가 위화도 회군을 계기로 권력을 장악하고 왕위에 오르자, 정도전은 본격적으로 자신의 구상을 실현해 나갔습니다. 그는 『조선경국전』을 지어 태조 이성계에게 바쳤습니다. 이 책은 조선 최초의 법전인데, 어떤 원칙에 따라 나라를 다스릴지, 어떤 제도로 국가를 운영할지 등의 내용을 담고 있습니다. 쉽게 말해, 유교적 이상 국가를 실현하기 위한 설명서라고 할 수 있죠.

　**정도전은 '재상 중심 정치'를 추구했습니다.** 그는 *세습되는 왕이 언제나 현명할 수는 없다고 보았습니다. 왕이 유능하지 않거나 독단적일 경우, 나라 전체가 쉽게 흔들릴 수 있다고 판단했지요. 따라서 유능한 재상과 신하들이 국가를 운영하고, 왕은 이들과 협력하는 지도자로 머물러야 한다고 생각했습니다.

　오늘날로 따지면, 대통령이 모든 결정을 내리는 방식이 아니라 총리나 장관을 중심으로 국정을 이끄는 *내각 책임제와 유사한 체제를 떠올린 셈입니다. 그는 "어린아이나 바보가 왕이 되어도 나라가 제대로 돌아가야 한다."라고 말하며, 제도와 시스템의 중요성을 강조했습니다.

**세습되다**
재산이나 신분, 직업을 대대로 물려받게 되다.

**내각 책임제**
국회의 신임에 따라 정부가 성립하는 정치 제도.

| 제 1 호 | 조선 전기 |

**방대하다**
규모나 양이 매우 크거나 많다.

  정치뿐만 아니라 경제, 외교, 교육, 문화 등 조선의 국가 운영 전반에 정도전의 손길이 닿지 않은 곳이 없습니다. 수도를 어디로 정할지, 궁궐은 어디에 지을지, 행정 조직과 관리 체계는 어떻게 구성할지를 자세하게 설계했지요. 이런 *방대한 작업이 가능했던 이유는, 조선이 세워지기 훨씬 전부터 정도전이 새로운 나라를 위한 제도를 준비해 왔기 때문입니다.

  하지만 그의 꿈은 오래가지 못했습니다. 이성계의 아들 이방원과 국가 운영 방식을 두고 갈등이 생겼기 때문입니다. 이방원은 나라가 안정되려면 강력한 왕권이 필요하다고 판단했고, 결국 왕자의 난을 일으켜 정도전을 제거한 뒤 태종으로 즉위합니다. 왕위에 오른 태종은 여러 제도를 시행하며 왕을 중심으로 하는 정치 체제를 확립해 나가지요.

  이로써 정도전이 꿈꾸던 재상 중심 정치는 실현되지 못했지만, 그의 정치 철학은 사라지지 않았습니다. 그가 집필한 『조선경국전』은 이후 조선의 최고 법전인 『경국대전』으로 계승되었고, 조선은 왕권을 견제할 다양한 제도적 장치를 마련하게 됩니다. **무엇보다 정도전이 강조한 '백성이 나라의 근본'이라는 민본주의 사상은 조선이 고려와는 다른 모습으로 발전할 수 있는 토대가 되었습니다.**

  비록 정도전이 이방원에게 밀려 정치인으로서는 꿈을 이루지 못하고 목숨을 잃었지만, 사상가로서 남긴 법과 제도는 조선 사회 곳곳에 깊이 자리 잡았고 그 정신은 오랫동안 이어졌습니다.

  정도전은 '나라가 무너지지 않으려면 무엇을 먼저 바로 세워야 하는가?'를 치열하게 고민한 정치 사상가이자 실천가였습니다. 권력보다 원칙을, 인물보다 시스템을 중시한 그는, 조선이 500년을 이어 갈 수 있는 기틀을 마련한 진정한 설계자였습니다.

큰별쌤 최태성의 한국사신문  조선 전기

## 제2호 조선의 기틀을 다지다

◆ 천상열차분야지도　◆ 한양 도성　◆ 왕자의 난

1. 조선만의 천문 지도, '천상열차분야지도' 공개
2. 도읍을 지킬 성곽, 한양 도성이 완성되다
3. 〈큰별 인터뷰〉 왕자의 난을 일으킨 이방원의 속마음은?
4. 〈큰별 칼럼〉 권력 앞에서 엇갈린 아버지와 아들

제 2 호　조선 전기

# 조선만의 천문 지도 '천상열차분야지도' 공개

### 조선만의 천문 지도 제작

　1395년, 조선의 하늘을 기준으로 별자리를 정리한 '천상열차분야지도'가 완성됐다. 이 지도는 가로 약 1.2m, 세로 약 2m 크기 석판 위에 별 1,460여 개를 정교하게 새긴 천문 지도이다. 조선 태조는 조선이 하늘의 뜻을 받아 탄생한 나라임을 상징적으로 보여 주기 위해 *독자적인 천문도 제작을 지시했다. 이는 새 왕조의 정통성을 강화하는 한편, 백성의 농사에 도움을 주려는 목적도 있었다.

기상 관측을 담당하는 관청인 서운관은 고구려 천문도를 참고해 작업을 시작했지만, 별자리 위치가 지금의 하늘과 맞지 않는다는 점을 발견하고 직접 하늘을 관측해 수정하는 작업을 거쳤다.

이번 작업에 참여한 서운관의 한 관리는 "1,500개에 가까운 별을 하나하나 새겨 넣느라 매우 힘든 작업이었지만, 조선 하늘을 기준으로 한 천문 지도를 완성하게 되어 매우 큰 보람을 느낀다."라고 말했다.

### 조선의 정통성을 담아낸 천문도

완성된 천상열차분야지도는 하늘을 12개 구역으로 나누고, 중앙의 *북극성을 중심으로 290여 개 별자리를 둘러 배치한 형태로 제작되었다. 모든 별자리와 별은 그 위치와 형상을 따라 정밀하게 새겨졌으며, 별자리 간의 거리 또한 실제 하늘을 본떠 세심하게 반영하였다.

천상열차분야지도를 확인한 태조는 "이 지도가 바로 조선의 과학이다. 하늘의 이치를 담은 천문도를 완성함으로써 조선의 정통성을 세상에 알릴 수 있게 되었다."라며 기쁨을 감추지 못했다.

---

***독자적** 남에게 기대지 아니하고 혼자서 하는 것.
***북극성** 작은곰자리에서 가장 밝은 별. 천구의 북극에 가장 가까운 별을 의미하며, 위치가 거의 변하지 않아, 방위나 위도의 지침이 된다.

제 2 호 　 조선 전기

# 도읍을 지킬 성곽
# 한양 도성이 완성되다

### 도읍을 지키는 한양 도성

　1396년, 조선의 도읍인 한양을 둘러싸는 '한양 도성'이 완성됐다. 도성 건설을 시작한 지 1년여 만에 길이 18.6 km, 높이 약 5~8 m에 달하는 성벽이 모습을 드러낸 것이다. 한양 도성을 쌓는 데는 두 차례에 걸쳐 총 98일 동안 백성 19만 7,400여 명이 *동원되었다. 한양을 둘러싼 백악산, 인왕산, 목멱산, 낙산의 능선을 따라 자연 지형을 최대한 살려 성벽을 쌓았으며, 평지는 흙으로, 산지는 돌로 *축조했다.

### 유교 정신을 품은 사대문

이와 함께 도성의 안팎을 오갈 수 있도록 네 방향에 각각 문이 세워졌다. **이들 성문의 이름은 유교의 네 가지 덕목인 인(仁), 의(義), 예(禮), 지(智)를 바탕으로 했다.**

동쪽 문은 백성에게 인자함을 베풀어야 한다는 뜻을 담아 '흥인지문(興仁之門)', 서쪽 문은 의로움을 지키겠다는 뜻으로 '돈의문(敦義門)', 남쪽 문은 예를 숭상한다는 의미로 '숭례문(崇禮門)', 북쪽 문은 엄숙하고 맑게 다스린다는 뜻으로 '숙청문(肅淸門)'이라고 불렀다. 북쪽 문을 '숙지문(肅智門)'이 아닌 '숙청문'으로 이름을 붙인 이유는 정확히 알려지지 않았다.

정도전은 "백성이 이 문을 드나들며 사람이 지켜야 할 도리를 마음에 새기도록 하고자 이름을 지었다."라고 밝혔다.

한편 네 방향의 문 사이에는 혜화문, 광희문, 소의문, 창의문이라는 문이 추가로 들어설 예정이다. 한양 도성은 앞으로 수도를 안전하게 방어하는 동시에, 도읍지의 경계를 표시하는 역할을 담당할 것으로 보인다.

---

***동원되다** 어떤 목적을 달성하고자 물건, 수단, 방법 따위가 집중되다.
***축조하다** 쌓아서 만들다.

제 2 호   조선 전기

# 왕자의 난을 일으킨 이방원의 속마음은?

1398년과 1400년, 두 차례에 걸쳐 '왕자의 난'이 발생했습니다. 오늘은 왕자의 난의 중심에 있었던 인물이자 이성계의 다섯째 아들인 이방원을 만나 사건 이야기를 자세히 들어 보겠습니다.

**큰별**: 단도직입적으로 여쭤보겠습니다. 1398년에 제1차 왕자의 난을 일으키며 정도전과 형제들을 제거하셨죠. 왜 그런 결정을 하셨나요?

**이방원**: 조선을 세우는 데에 제가 얼마나 큰 역할을 했는지 아십니까? 새 왕조를 반대하던 정몽주를 제거한 것도 바로 저였습니다. 그 덕분에 아버지께서 큰 어려움 없이 조선을 세우실 수 있었지요.

큰별 인터뷰

그렇게 큰 공을 세웠는데도 저는 공신으로 인정받지 못했습니다. 아버지께서는 저의 어머니인 한 씨 부인에게서 여섯 아들을, 강 씨 부인에게서 두 아들을 두셨습니다. 아버지는 강 씨 부인의 아들인 막내 방석을 세자로 *책봉하셨죠. 저는 분명 이 결정에 정도전의 입김이 있었다고 생각했습니다. 심지어 정도전이 저희 어머니가 낳은 아들들을 모두 제거하려 한다는 소문이 돌았고, 제 사병마저 없애려 했어요. 결국 저를 권력에서 완전히 몰아내려 했던 것이죠. 그래서 어쩔 수 없이 정도전을 제거했습니다.

**그렇다면 이방원 님께서 생각하신 조선은 어떤 모습이었나요? 정도전과는 다른 조선을 꿈꾸셨을 것 같은데요.**

정도전은 재상이 중심이 되어 나라를 이끌어야 한다고 주장했죠. 하지만 저는 왕에게 강력한 권한이 있어야 한다고 생각했습니다. 물론 신하들의 말을 전혀 안 듣겠다는 건 아닙니다. 다만, 국가의 방향은 왕이 주도적으로 이끌어야 굳건한 나라가 될 수 있다고 믿었어요.

**그런데도 1400년에 제2차 왕자의 난이 또 일어났어요. 그땐 정도전도 없고 상황도 많이 바뀌었을 때인데, 무슨 일이 있었던 건가요?**

제1차 왕자의 난 이후 첫째 형이 이미 세상을 떠난 상황이었기에 아버지께서는 둘째 형 방과에게 왕위를 넘기셨습니다. 그 무렵에 넷째 형 방간이 왕위를 노리고 난을 일으켰습니다. 저는 군사를 일으켜 그 반란을 진압했고요. 방과 형님은 때가 되었다고 판단하셨는지, 저에게 왕위를 물려주셨습니다.

이방원은 이렇게 두 차례 왕자의 난을 거치며 태종으로 즉위하게 됩니다. 형제들을 제거하면서까지 왕위에 오른 태종은 과연 앞으로 어떤 정치를 펼칠까요? 여기까지 큰별 기자였습니다.

---

*책봉하다 왕세자, 왕세손, 왕후 등으로 세우다.

제 2 호 　 조선 전기

# 권력 앞에서 엇갈린 아버지와 아들

## 피보다 무서운 권력

"왕의 자리를 두고 마주한 이성계와 이방원"

여러분에게 '아버지'는 어떤 존재인가요? 든든한 보호자이자 묵묵히 곁을 지켜 주는 존재일 수도 있고, 힘들 때 기댈 수 있는 대상이기도 합니다. 때로는 친구처럼 함께 이야기를 나누기도 하지요.

하지만 조선 시대 왕실에서 아버지와 아들의 관계는 우리가 흔히 알고 있는 가족의 모습과는 달랐습니다. '권력'이라는 이름 앞에서 아버지와 아들이 서로에게 칼을 겨누기도 했거든요.

조선을 세운 태조 이성계에게는 아들이 여덟 명 있었습니다. 그중 여섯 명은 첫째 부인 신의 왕후 한 씨에게서, 두 명은 둘째 부인 신덕 왕후 강 씨에게서 태어났습니다. 다섯째 아들 이방원은 형제들 가운데 유일하게 과거에 급제할 정도로 똑똑했고, 조선을 세우는 데 큰 공을 세운 인물이었으며, 야망도 컸습니다.

조선 건국 당시에 태조는 58세였기에 서둘러 후계자를 정해야 했습니다. 이성계와 함께 나라를 세우고, 국정 운영의 \*주도권을 잡고 있던 정도전은 막내 방석을 세자로 세우고자 했습니다. 그는 왕보다는 재상이 중심이 되어 나라를 이끌어야 한다고 생각했기에, 성격이 온순하고 나이가 어린 방석을 세자로 추천한 것이죠. 이에 신의 왕후 한 씨의 아들들은 크게

**주도권**
주동적인 위치에서 이끌어 나갈 수 있는 권리나 권력.

## 큰별 칼럼

반발했습니다. 특히 이방원은 자신의 공로를 무시한다고 생각했고, 큰 불만을 품었습니다.

**결국 이방원은 자신의 군대를 이끌고 정도전과 그를 따르는 신하들을 공격했습니다.** 그리고 방석을 세자 자리에서 끌어내리고 *귀양을 보내는 도중 살해했지요. 심지어 신덕 왕후 강 씨가 낳은 다른 아들 이방번까지 죽였습니다. 이는 조선을 세운 지 얼마 되지 않아 벌어진, 같은 형제 사이에 일어난 비극적인 권력 싸움이에요. **이 사건을 제1차 왕자의 난이라고 부릅니다.**

이는 태조에게 엄청난 충격을 안겨 주었습니다. 오랜 정치 동반자이자 친구인 정도전과 어린 아들들까지 잃은 데다, 그 모든 일을 벌인 장본인이 자신의 다섯째 아들이었기 때문입니다. 태조는 둘째 아들 방과(정종)에게 왕위를 넘기고 정치에서 물러났습니다. 이후 이방원이 실질적인 권력을 장악하게 되었습니다.

**귀양**
죄인을 먼 시골이나 성으로 보내어 일정 기간 동안 제한된 곳에서만 살게 하던 형벌.

| 제 2 호 | 조선 전기 |

하지만 왕위를 둘러싼 형제들의 싸움은 끝나지 않았습니다. 2년 뒤에 이방원의 형인 방간이 권력을 차지하려고 군대를 일으켰기 때문입니다. 이방원은 이를 진압하고 방간을 유배 보냈습니다. **이후 이방원은 정종에게서 왕위를 물려받아 태종으로 즉위했습니다.**

아들의 이런 행동에 실망한 태조는 고향 함흥으로 내려가 버렸습니다. 태종은 여러 차례 \*차사를 보내 아버지를 다시 모셔 오려 했지만 소용없었습니다. \*야사에는 함흥으로 간 차사들이 태조에게 죽임을 당해 돌아오지 못했다고 전해지기도 합니다. 여기에서 유래된 말이 바로 '함흥차사'인데, 심부름을 가서 오지 않거나 늦게 온 사람을 이르는 말이 되었지요.

그런데도 태종이 계속해서 아버지에게 사람을 보내자, 태조는 결국 마음을 돌려 한양으로 올라왔습니다. 태종은 살곶이벌(현재 서울 광진구 화양동 일대)에서 태조를 맞이하는 환영 잔치를 준비했지요. 태조는 자신을 마중 나온 태종이 왕의 예복인 곤룡포를 입고 면류관을 쓴 모습을 보자 다시 화가 나서 태종을 향해 화살을 쐈다고 합니다. 하지만 태종은 잔치를 위해 설치한 장막의 기둥 뒤에 몸을 숨겨 화살을 피했습니다. 이를 본 태조는 "하늘이 너를 돕는구나!"라고 말하며 그제서야 그를 왕으로 인정했다고 전해집니다.

이처럼 이성계와 이방원은 단순한 부자 관계를 넘어 권력을 둘러싼 경쟁자였습니다. 전근대의 왕은 최고 통치자로서 나라의 모든 일을 좌우하는 절대 권력을 쥐었기에, 가족이라도 그 힘을 두고 서로를 경계하며 치열하게 맞설 수밖에 없었지요. 이성계와 이방원의 관계는 권력이 얼마나 냉혹한 것인지를 잘 보여 줍니다.

**차사**
임금이 중요한 임무를 맡겨 파견하던 임시 벼슬아치.

**야사**
백성들 사이에서 사사로이 기록한 역사.

큰별쌤 최태성의 한국사신문    조선 전기

## 제3호 태종, 강력한 왕권을 꿈꾸다

◆ 신문고   ◆ 혼일강리역대국도지도   ◆ 8도 완성   ◆ 6조 직계제

1. '신문고' 설치, 백성의 억울함 듣는다
2. 혼일강리역대국도지도, 조선의 세계관을 담다
3. 조선, 8도 체제로 개편해 중앙에서 다스리다
4. 태종, 6조 직계제로 왕권을 강화하다
5. 〈큰별 칼럼〉 아들 세종을 위한 태종의 선택

제 3 호  조선 전기

# '신문고' 설치 백성의 억울함 듣는다

### 억울한 사람을 위해 신문고 설치

**1401년, 조선 태종이 대궐 앞 문루에 '신문고'를 설치했다.** 태종은 관리의 부정부패 등으로 백성이 억울한 일을 겪어도 호소할 길이 막혀 있다는 여론이 높아지자 "임금이 직접 백성의 목소리를 듣겠다."라며 신문고 설치를 지시한 것으로 알려졌다.

신문고는 송 태조가 실시한 '등문고' 제도를 본뜬 것으로, 억울한 일을 겪은 백성이 대궐 앞에 놓인 북을 두드려 임금에게 직접 호소할 수 있도록 한 제도이다.

큰별 기사

## 신문고 어떻게 이용할 수 있나

신문고 관리를 담당하는 사헌부 관리에 따르면, 신문고 운영 방식은 다음과 같다. 억울한 일이 있는 백성은 우선 살고 있는 지역의 관청에 고해야 하며, 관청에서 해결되지 않으면 사헌부에 다시 호소하고, 그래도 해결되지 않으면 신문고를 두드릴 수 있다. 단, 반역 사건 등 국가적 중대 사안이라면 이런 과정을 생략하고 곧바로 신문고를 칠 수 있다.

신문고를 통해 접수된 사건은 사헌부가 직접 조사에 나서며, 사실로 밝혀지면 관련 관리를 처벌하고, 거짓으로 판명되면 고발자를 엄벌에 처할 방침이다.

## 신문고, *실효성 거둘 수 있을까

태종은 "백성의 억울함을 임금이 직접 듣고 해결하는 것이 *왕도 정치의 근본"이라며, "신문고가 백성의 마음을 안정시키고 관리의 부패를 막는 역할을 하길 바란다."라고 강조했다.

한편, 신문고 설치 소식에 백성들은 "이제 임금님께 직접 하소연할 길이 열렸다."라며 기대감을 나타냈다. 그러나 일부에서는 "절차가 까다로워 평민이나 천민이 실제로 이용하기는 쉽지 않을 것"이라는 우려도 제기돼, 신문고가 과연 억울한 백성의 목소리를 대변할 수 있을지 관심이 모아지고 있다.

*실효성 실제로 효과를 나타내는 성질.
*왕도 정치 군주가 백성을 사랑하고 덕으로 다스리는 것.

제 3 호 　 조선 전기

# 혼일강리역대국도지도
# 조선의 세계관을 담다

혼일강리역대국도지도
(서울대학교 규장각 한국학연구원 모사본)

### 조선, 첫 번째 세계 지도 완성

1402년, 조선 최초의 세계 지도가 탄생했다. 그 이름은 '혼일강리역대국도지도(混一疆理歷代國都之圖)'이며, 온 세상의 영토와 역대 왕조의 도읍지를 한데 표현한 지도라는 뜻을 지닌다. 조선 태종은 조선이라는 새로운 시대가 열렸음을 만방에 알리기 위해 이 지도를 제작하라고 명한 것으로 알려졌다.

이 지도에는 조선과 중국(명)뿐만 아니라 아라비아, 아프리카 등 이전의 지도에서는 보지 못한 지역이 포함되어 있어 학계의 큰 관심을 불러일으키고 있다.

### 조선의 세계관 반영

'혼일강리역대국도지도'는 조선이 인식한 세계 질서를 지도 위에 고스란히 담아냈다는 점에서 주목받고 있다. 특히 지도 면적의 상당 부분을 중국이 차지하고 있어, 중국을 세계의 중심으로 보는 '중화사상'이 짙게 반영된 것으로 보인다.

실제로 전체 지도 면적의 약 3분의 2가 중국 영토로 채워졌고, 그 오른편에 위치한 조선도 실제보다 크게 표현됐다. 이에 조정 내 학자들은 "이는 조선이 중국 다음으로 중요한 국가임을 드러낸 것"이라고 해석하고 있다.

그에 비해 일본은 상대적으로 작게 묘사되었고, 아라비아, 유럽, 아프리카 등의 지역은 지도 서쪽 끝에 단순한 윤곽으로만 표현되어 동아시아 중심 세계관을 여실히 보여 준다.

### 조선이라는 자부심을 담은 지도

'혼일강리역대국도지도'는 이회, 이무, 김사형의 주도로 만들어졌다. 이들은 중국과 일본, *서역의 다양한 지도를 참고하여 이 지도를 제작했다고 밝혔다.

이회는 "중국과 일본의 지도를 열심히 분석해 각 지도의 장점을 조화롭게 반영했다."라고 말했으며, 이무 또한 "실제 영토의 크기와 다를 수 있지만, 대륙의 지형은 사실과 가까운 구조로 구성했다."라며 높은 완성도에 자부심을 드러냈다.

마지막으로 김사형은 "이 지도에서는 단순한 지리 정보만이 아니라 조선의 세계관을 표현하고자 노력했다."라고 강조했다.

'혼일강리역대국도지도'를 제작함으로써 조선의 지리학은 한층 발전하게 되었으며 *천하를 이해하는 데에 큰 도움이 될 것으로 보인다.

---

***서역** 중국 서쪽에 있던 여러 나라를 통틀어 이르는 말.
***천하** 하늘 아래 온 세상.

제3호 | 조선 전기

# 조선, 8도 체제로 개편해 중앙에서 다스리다

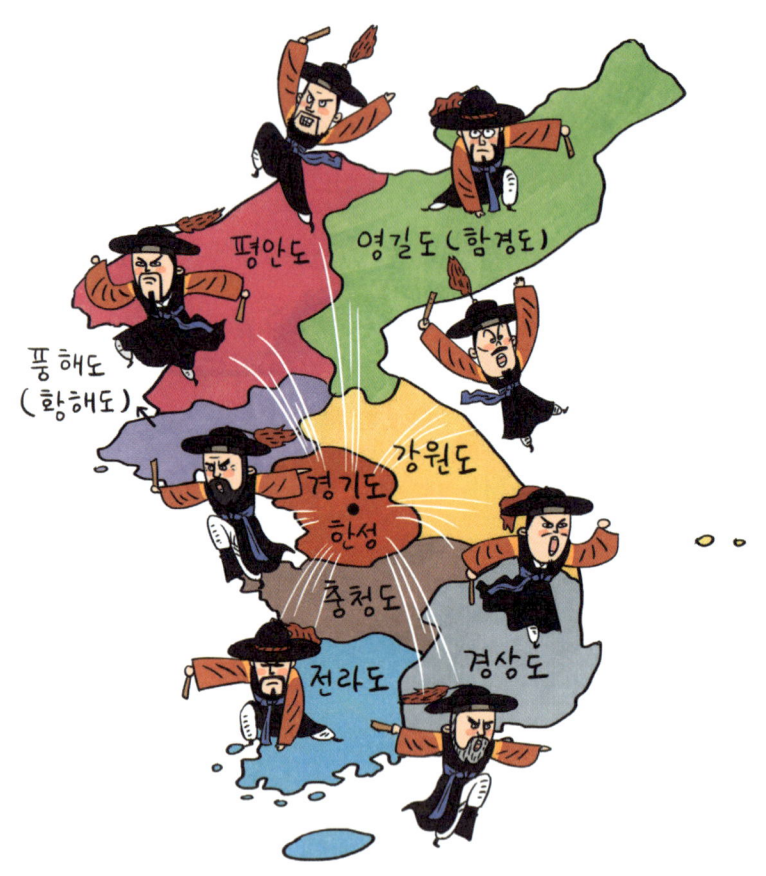

### 지방 곳곳에 중앙 관리 임명

1413년, 조선 태종은 지방 행정 구역을 새롭게 정비하고, 전국을 8도 체제로 완성했다고 공식 발표했다.

각 지역의 지리적 특성에 따라 새롭게 나눈 8도는 영길도, 평안도, 풍해도, 강원도, 경기도, 충청도, 전라도, 경상도이다. 각 도는 고을의 크기에 따라 다시 부, 목, 군, 현 등의 하위 단위로 세분화되었다.

## 군현에 수령을 파견하다

모든 군현에는 수령이 파견된다. 수령은 백성의 삶을 두루 살피며 농업을 *장려하고, 각 군현의 행정·사법·군사 업무를 맡게 된다. 왕의 대리인이라고 할 수 있는 수령이 전국의 군현에 배치되면서, 국가가 직접 전국의 백성을 다스릴 수 있는 기반이 마련된 것이다.

또 수령이 세금 징수를 담당하게 됨으로써, 국가 재정이 더 안정적으로 확보될 것으로 기대된다. 향리는 수령의 지시에 따라 실무만 맡게 되므로, 고려 시대에 비해 권한이 크게 줄어들 전망이다. 각 도에는 수령을 지휘·감독하고 백성의 생활을 살피는 '관찰사'가 파견되며, 지방관의 부정을 막기 위해 임기를 제한하는 방안도 논의 중이다.

용인현의 한 주민은 "우리 고을을 다스릴 관리를 나라에서 직접 내려보낸다 하여 기대가 큽니다. 새로 부임하는 수령이 *청렴하고 책임감 있게 고을을 이끌어 주었으면 좋겠습니다."라고 말했다.

이번 지방 행정 제도 개편이 강력한 중앙 집권 체제를 구축하고 백성의 삶을 안정시키는 계기가 될지 많은 이의 관심이 집중되고 있다.

***장려하다** 좋은 일에 힘쓰도록 북돋아 주다.
***청렴하다** 마음이 청백하고 탐욕이 없다.

제 3 호　조선 전기

# 태종, 6조 직계제로 왕권을 강화하다

### 6조 직계제 도입! 왕이 직접 정치를 통솔하다

1414년, 조선 태종이 6조 직계제를 실시하며 나랏일의 중심에 왕이 직접 나서게 되었다. 6조는 이조, 호조, 예조, 병조, 형조, 공조로 구성된 조선의 핵심 행정 부서이다. 기존에는 6조가 의정부에 보고하면 이후 의정부가 다시 왕에게 보고하는 구조였으나, 이제부터는 6조가 왕에게 직접 보고하고 지시를 받도록 바뀐 것이다.

왕이 *정무를 직접 챙기게 되면서 왕권은 더욱 강해지고, 의정부의 권한은 상대적으로 줄어들게 되었다. 조선의 정치 운영 방식에 중요한 변화가 시작된 셈이다.

태종은 왕위에 오르기 전부터 왕권 강화를 위한 개혁을 차근차근 준비했다. 특히 사병 *혁파는 그 시작이었다. 사병은 왕실이나 관청 소속이 아닌 개인이 거느리던 병력인데, 왕권을 위협할 수 있는 요소였다.

왕이 되기 전에 사병의 힘으로 권력을 잡았던 태종은 누구보다 그 위험성을 잘 알고 있었다. **이에 태종은 "군사는 오직 나라를 위해서만 존재해야 한다."라고 선언하며, 전국의 사병을 해산시켰다.** 이 조치로 모든 군사력은 국가의 통제 아래 들어오게 되었다. 이는 중앙 집권 체제의 기반을 마련하는 첫걸음이었다.

### 호패법 실시! 백성의 수를 헤아리다

태종은 이전에도 왕권 강화를 위한 여러 정책을 실시한 바 있다.

**우선 왕자의 난 이후 공신과 왕자들의 사병을 없애 군사권을 장악했다. 1313년에는 16세 이상인 모든 남성에게 신분과 거주지를 표시한 호패를 지니게 한 호패법을 실시했다.** 이는 조세와 노동력을 효율적으로 관리하고 국가 통제력을 지방까지 확대하는 계기가 되었다.

이번 6조 직계제 실시는 그러한 개혁의 연장선에서, 왕이 국가 운영의 중심이 되는 정치 체제를 완성하려는 태종의 의지를 잘 보여 준다. 사병 혁파와 호패법에 이어 6조 직계제까지, 태종은 조선 초기의 혼란을 수습하고 강력한 왕권 국가를 만들어 가고 있다.

---

***정무** 정치나 국가 행정에 관계되는 사무.
***혁파** 묵은 기구, 제도, 법령 따위를 없앰.

제3호  조선 전기

# 아들 세종을 위한 태종의 선택

### 태종의 또 다른 얼굴

"너의 가는 길을 꽃길로 만들어 주리라"

조선 태종은 왕권을 강화하고 국가 체제를 정비하고자 단호하고 냉혹한 결정을 내린 군주였습니다. 험난한 과정을 거쳐 왕위에 오른 그는 왕권 안정을 최우선 과제로 삼았고, 왕권에 위협이 되는 요소는 철저히 억압하고 제거해 나갔습니다.

태종은 부인 원경 왕후 민 씨의 가족을 *숙청하기도 했습니다. 사실 민 씨와 그의 가족은 태종이 왕위에 오르는 데 큰 힘이 되어 준 존재였습니다. 그런데 *외척 세력이 지나치게 강해지는 것을 경계한 태종은 민 씨의 남동생들의 목숨을 빼앗죠.

그뿐만이 아닙니다. 세종에게 왕위를 물려준 후 그의 장인 심온이 권력을 확대해 나간다고 판단하자 주변 세력을 처벌하고, 심온에게는 사약을 내립니다. 태종을 거역할 수 없었던 세종은 이 일을 받아들입니다. 평소와 같이 업무를 보고, 태종에게 문안 인사를 하고, 심지어 연회에 참석하여 춤을 추기도 하지요. 하지만 장인이 사약을 받는 날에 있었던 국가의 제사는 다른 사람에게 맡겼습니다. 겉으로는 드러내지 않았지만, 세종이 얼마나 참담한 심정이었는지 짐작할 수 있습니다.

이렇게 수많은 사람의 목숨을 빼앗았지만, 태종에게 '폭군'이라는 수식

**숙청하다**
자신에게 위협이 되거나 바람직하지 않다고 여기는 사람들을 제거하거나 축출하다.

**외척**
어머니 쪽의 친척.

큰별 칼럼

어가 붙지는 않습니다. **그는 흔들림 없는 왕권을 세우는 것이 조선의 미래를 위한 일이라고 믿었고, 그 때문에 칼을 휘두르는 데 주저하지 않았습니다.** 이러한 결단은 때로 큰 희생을 불러왔지만, 태종의 통치 방식이 모두 옳았다고는 할 수 없어도 건국 초기의 혼란을 잠재우고 나라의 기틀을 닦았다는 사실만큼은 부정할 수 없을 것입니다.

태종의 통치에서 또 하나 주목할 만한 결단은 첫째 아들 양녕 대군을 세자에서 끌어내리고 셋째 아들인 충녕 대군을 후계자로 책봉한 일입니다. 유교적 질서를 중시하는 조선 사회에서 이미 세자로 정한 \*적장자를 \*폐위하는 일은 극히 드문 일이었습니다. 그러나 태종은 첫째 아들이 국왕으로서 자질을 갖추지 못했다고 냉정하게 판단했고, 더 현명하고 정치

**적장자**
정식 아내가 낳은 맏아들을 이르던 말.

**폐위하다**
왕, 왕비, 왕세자 등을 자리에서 끌어내리다.

 **joseon_ taejong**

  #피의 군주  #왕권 강화  #아들 사랑
#왕자의 난  #더는 안 돼

제 3 호    조선 전기

적 능력을 갖춘 셋째 아들을 후계자로 삼았습니다. 그가 바로 조선 역사상 가장 위대한 왕으로 평가받는 세종입니다.

태종은 자신의 시대에만 머무는 왕이 아니었습니다. 그는 다음 시대, 곧 세종의 시대를 여는 디딤돌이 되고자 했습니다. **자기 손에 스스로 피를 묻히는 고통을 감수하면서도, 아들이 더 평화롭고 안정되게 나라를 이끌 수 있도록 가시밭길을 먼저 걸어간 것입니다.**

만약 태종이 이러한 결단을 내리지 않았다면, 우리는 역사 속에서 '세종 대왕'을 만나지 못했을지도 모릅니다. 세종은 정치, 학문, 과학 기술 등 거의 모든 분야에서 조선을 *비약적으로 발전시켰고, 지금까지도 존경받는 왕으로 기억됩니다. 그리고 그 모든 성과의 밑바탕에는 태종이 다져 놓은 강력한 왕권이 존재했지요.

결국 태종이라는 인물을 어떻게 바라볼 것인가는 단지 한 왕을 평가하는 것을 넘어, '역사 속 인물'을 바라보는 방식에 대한 물음이기도 합니다. 우리는 복잡한 시대를 살아간 인물을 입체적으로 이해하려는 자세를 지녀야 합니다. 그래야만 역사 속 이야기를 더 깊이 이해하고, 그 안에서 오늘을 성찰하는 지혜를 얻을 수 있기 때문입니다.

**비약적**
지위나 수준 따위가 빠른 속도로 높아지는 것.

큰별쌤 최태성의 한국사신문 　　　　　　　　　　　조선 전기

## 제4호 세종, 백성을 위한 나라를 만들다

◆ 분청사기　　◆ 『농사직설』　　◆ 집현전　　◆ 앙부일구·자격루·『칠정산』

1. 충녕 대군, 왕의 자리에 오르다
2. 〈큰별 광고〉 분청사기 제작 가마에 알립니다
3. 조선만의 농사 비법서, 『농사직설』 출간
4. 〈큰별 인터뷰〉 세종이 아낀 인재들, 집현전 학사를 만나다
5. 〈큰별 칼럼〉 백성을 위한 마음, 과학으로 꽃피다

제 4 호    조선 전기

# 충녕 대군 왕의 자리에 오르다

### 태종의 셋째 아들 충녕 대군 즉위

1418년, 조선 태종이 셋째 아들 충녕 대군에게 왕위를 물려주는 즉위식이 거행되었다. 충녕 대군은 세자로 책봉된 지 불과 두 달 만에 조선의 제4대 임금인 세종으로 즉위했다.

충녕 대군은 태종의 셋째 아들이기에 적장자 계승 원칙에 따라 왕위 계승 서열에서 밀려난 인물이었다. 태종은 즉위 이후 첫째 아들인 양녕 대군을 세자로 삼아 후계자로서 교육해 왔다. 그러나 양녕 대군은 성격이 자유분방하여 엄격한 궁중 생활에 적응하지 못하고 남몰래 궁 밖으로 나가 풍류와 사냥을 즐긴 것으로 알려졌다.

이에 태종은 고심 끝에 양녕을 세자에서 폐하고 셋째 아들 충녕을 새로이 세자로 책봉했다. 태종은 "충녕이 어려서부터 총명하고 학문을 가까이하여 정치하는 법을 잘 안다."라며 신하들을 설득한 것으로 전해졌다.

### 태종, 세종과 함께 나라를 다스리다

왕위를 물려준 태종은 *상왕 자리에 올라 국정에서 한발 물러났으나, 세종과 함께 정사를 논하며 사실상 공동 통치를 이어 가고 있다. 이에 대해 한 관리는 "상왕께서 세자 책봉 두 달 만에 초고속으로 *양위를 결정한 것은 양녕 대군이 아직 살아 있는 상황에서 세종의 왕권을 안정시키려는 조치로 보인다."라고 전했다.

태종은 왕위 다툼이 얼마나 큰 혼란을 불러오는지 누구보다 잘 알고 있었다. 이 때문에 세종이 확고한 통치력을 갖출 때까지 상왕으로서 국정에 관여하며 왕권 안정을 도모하고자 하는 것이라는 해석도 나온다.

이번 양위를 계기로 조선 왕조는 새로운 국면에 들어섰다. 과연 세종이 태종의 기대에 부응해 훌륭한 정치를 펼쳐 나갈지 온 나라의 관심이 집중되고 있다.

---

***상왕** 자리를 물려주고 들어앉은 임금을 이르는 말.
***양위** 임금의 자리를 물려줌.

큰별 광고

# 분청사기 제작 가마에 알립니다

## 왕실과 관청에서 필요한 그릇을 만드는 각 군현의 가마에 전합니다.

건국 이후 나라가 점차 안정을 찾으면서 전국에
많은 가마가 세워졌고, 도자기 제작도 활기를 띠게 되었습니다.
그중 분청사기는 고려청자의 전통 위에
조선만의 문양과 기법을 더해 완성한
아름다운 도자기입니다.
철화, 인화, 조화, 상감 등 다양한 기법으로
새겨진 무늬는 단순한 장식을 넘어
조선의 품격을 담은 상징이 되었습니다.

분청사기 인화 무늬 대접
(국립 중앙 박물관)

분청사기 조화 연꽃 물고기 무늬 병
(국립 중앙 박물관)

찰칵

하지만 최근 진상된 그릇들이 단단하지 않아
쉽게 깨진다는 보고가 있었습니다.
분청사기의 품질 개선을 위해 다음 조치를 시행하오니
각 가마와 소속 장인들은 더욱 정성을 다해 제작해 주시기 바랍니다.

### 시행 조치

모든 공납용 분청사기에는 아래 항목을 반드시 새겨 넣을 것
❶ 제작한 지역　❷ 소속 관청　❸ 만든 장인 이름

앞으로 더욱 견고하고 수준 높은 분청사기가 탄생하길 바라며,
왕실과 관청에서 쓰는 귀한 그릇인 만큼 장인 여러분께서는
책임감을 가지고 제작해 주시기 바랍니다.

세종 3년 ○월 ○일
분청사기 품질 관리 담당 관원 ○○○ 올림

제 4 호 　 조선 전기

# 조선만의 농사 비법서 『농사직설』 출간

### 우리 농사엔 우리 책! 『농사직설』 탄생

1429년, 조선의 기후와 풍토에 맞춘 실용적인 농사 지침서 『농사직설』이 출간되었다. 농사에 꼭 필요한 지식과 기술을 조선 땅의 특성에 맞게 정리한 책으로서 "우리 땅에는 우리 농사법이 필요하다."라는 세종의 뜻에 따라 만들어진 것이다.

그동안 조선에서는 농업 기술을 익힐 때 중국의 『농상집요』를 참고해 왔다. 그러나 기후와 토양이 중국과 달라서 실제 조선 백성의 농사에 적용하기에는 한계가 있었다.

『농사직설』은 이러한 문제점을 보완해 조선 최초로 발간한 독자적 *농서이다.

### 농부의 지혜를 기록하다

『농사직설』은 관리들이 각 지역의 경험 많은 농부를 직접 찾아가 그들의 지혜를 듣고 정리하는 방식으로 집필되었다. 씨앗을 뿌리는 시기, 밭을 가는 방법 등 다양한 농사 기술이 생생하게 담겨 있다.

평생을 흙과 함께 살아온 한 농부는 "관아에서 느닷없이 찾아와 농사짓는 법을 묻더라니까요! 내가 40년 넘게 밭을 일궈 왔으니, 씨 뿌리는 법부터 수확하는 요령까지 모조리 알려 줬지요."라며 당시를 회상했다. 완성된 『농사직설』은 8도의 관찰사와 전국 부·목·군·현에 배포될 예정이다. 조정은 이 책이 각지 농민들이 땅과 기후에 맞춰 농사를 지을 수 있도록 돕고, 수확량 증대와 생활 안정에 크게 기여할 것으로 기대하고 있다.

*농서 농사에 관한 여러 가지 사항을 적은 책.

## 조선의 약초와 치료법 담은 의서
### 『향약집성방』 출간

★큰별 단신

1433년, 국내 약재와 질병 치료법을 체계화한 의학서인 『향약집성방』이 출간됐다. 이 책은 그동안 중국 의서에 의존하던 치료 방식에서 벗어나, 우리 땅에서 나는 약재와 질병 치료법을 체계적으로 정리한 종합 의학서로 평가된다. 집필에 참여한 한 집현전 학사는 "이제 일반 백성도 멀리까지 가서 약재를 구하지 않아도, 집 근처에서 나는 약초로 치료할 수 있는 길이 열렸다."라며 기대를 전했다.

제 4 호　　조선 전기

# 세종이 아낀 인재들 집현전 학사를 만나다

　세종은 무엇보다도 훌륭한 인재를 가까이하는 데 큰 노력을 기울였습니다. 학문과 국가 정책 연구를 담당할 인재를 양성하기 위해 집현전의 기능을 강화했지요. 오늘은 집현전 학사들을 만나 어떤 일들을 담당하는지 이야기를 나눠 보겠습니다.

**큰 별**

**집현전에 새로운 인재가 많이 들어왔다고 들었습니다. 세종의 남다른 집현전 사랑에, 집현전을 궁금해하는 사람이 많습니다. 어떤 곳인가요?**

**집현전 학사1**

　집현전은 간단히 말해서 '현명한 사람을 모아 학문을 닦는 기관'이에요. 하지만 단순히 책만 읽는 건 아닙니다. 저희는 매일 아침, 경연이라 불리는

큰별 인터뷰

자리에 나가 전하와 함께 *경서와 정치와 제도에 관해 토론하고, 때로는 국가 정책에 관해 의견을 드리기도 하지요.

**매일 아침 왕과 토론한다니 정말 대단하네요. 요즘은 어떤 주제를 연구하고 계세요?**

집현전 학사2

조선은 유교를 통치 이념으로 삼았지요. 따라서 요즘은 예법이나 제도를 유교 이념에 맞게 정리하는 일을 하고 있습니다. 곧 새로운 역사서도 나올 예정입니다. 고려뿐 아니라 그 이전의 고구려, 신라, 백제의 역사를 모두 담아 정리하고 있습니다. 전하께서는 이 역사서가 오래도록 후대에 전해지기를 바라고 계시지요.

**듣고 보니 정말 어마어마한 일을 해내고 계시는군요. 두 분은 집현전에서 일하면서 얼마나 만족하시는지요?**

집현전 학사1

저는요, 아주 만족합니다. 아직 젊어서 그런지, 전하께서 제게는 책만 실컷 읽으라고 하셨거든요. 좋아하는 책을 원하는 만큼 읽을 수 있는 직장이 세상에 또 있을까요? 진심으로 학문을 아끼시는 분이라, 저희에게도 아낌없이 연구할 시간을 주셔서 무척 좋습니다.

집현전 학사2

저도 만족스럽습니다. 단순히 공부에 그치지 않고, 배운 지식을 나라를 위해 쓸 수 있다는 점에서 큰 자부심을 느껴요. 우리가 하는 연구 하나하나가 법이 되고 제도가 되니까요.

집현전은 단순한 학문 기관을 넘어, 조선 초기 국가 운영과 문화 발전의 핵심 두뇌 역할을 했습니다. 세종은 집현전을 통해 자신의 뜻을 실현하고 조선의 학문과 문화 제도를 꽃피울 수 있게 되었죠. 지금까지 큰별 기자였습니다.

*경서 어질고 총명한 옛사람들이 유교의 사상과 교리를 써 놓은 책.

제 4 호　　조선 전기

# 백성을 위한 마음 과학으로 꽃피다

### 우리만의 하늘과 글자

**"세종의 발명은 백성을 향한 마음이었다"**

　15세기 조선은 과학 기술이 눈에 띄게 발전한 시기였습니다. 특히 조선 세종 시대에는 나라가 앞장서서 백성을 위한 다양한 기술과 발명품을 개발하고, 실제 생활에 도움이 되는 연구를 활발히 진행했지요. 예를 들어, 하늘의 움직임을 살피는 혼천의와 간의, 시간을 정확히 알려 주는 앙부일구(해시계)와 자격루(물시계), 비의 양을 측정하는 측우기, 우리 하늘을 기준으로 만든 *역법서인 『칠정산』은 모두 백성의 생활을 더 편리하게 만들어 주는 실용적인 과학 기술이었습니다.

　이런 발전의 바탕에는 두 가지 중요한 정신이 있었습니다. 바로 애민 정신과 자주정신입니다. **세종은 백성을 아끼고 돕는 마음(애민)과, 외국의 것을 그대로 따라 하기보다 우리 실정에 맞는 기술을 스스로 만들자는 태도(자주)를 중요하게 여겼습니다.**

　그는 과학이 그저 학문으로만 남는 것이 아니라 백성의 삶을 더 낫게 만드는 '쓸모 있는 도구'가 되어야 한다고 생각했지요. 이러한 실용 정신은 무기 개발에서도 잘 나타났습니다. 신기전, 화차, 화포, 총통과 같은 다양한 무기도 활발하게 제작되어 조선의 국방력을 튼튼하게 하는 데 큰 역할을 했으니까요.

**역법서**
천체의 주기적 현상을 기준으로 한 해의 절기 같은 때를 정하는 방법에 관한 책.

## 큰별 칼럼

하지만 16세기에 들어서면서 조선 사회는 점점 실용보다 이념을 더 중요하게 여기는 분위기로 바뀌었습니다. 성리학이 사회 전반에 뿌리내리게 되면서 도덕과 명분이 중시되고, 현실 문제를 해결하려는 기술과 연구는 점점 무시되었습니다. 기술자와 장인은 낮은 신분으로 취급되었고, 과학 분야에 뛰어난 인재가 모이지 않아 연구도 끊기고 기술도 이어지지 못했지요.

그 결과, 임진왜란 같은 큰 전쟁을 충분히 대비하지 못했고, 전쟁 피해가 커지면서 과학 기술을 발전시킬 수 있는 기반도 무너졌습니다. 전쟁 이후 세종 때 만들어졌던 과학 기구들을 다시 제작할 수 없는 상황이 되었죠.

세종 대왕 동상
(서울특별시 종로구)

조선 전기

그동안 주변 나라들은 빠르게 발전을 이뤘고, 조선의 과학 기술은 점점 뒤처지게 되었습니다.

우리는 여기에서 실용의 가치를 다시 생각해 볼 필요가 있습니다. 도덕과 명분도 중요하지만, 사람들의 삶을 실제로 개선하는 기술과 지식이야말로 사회를 움직이는 가장 큰 힘이기 때문입니다.

**세종 시대의 과학 기술은 '사람을 위한 과학', '쓸모 있는 기술'이라는 철학을 바탕으로 발전했습니다.** 이는 과학이 단순히 새로운 물건을 발명하는 것을 넘어, 나라를 발전시키고 백성의 삶을 풍요롭게 만들 수 있음을 보여 줍니다. 이것이 바로 실용의 힘입니다. 실용 정신은 모두를 이롭게 하려는 따뜻한 마음에서 시작되었다는 것을 우리는 잊지 말아야 합니다.

큰별쌤 최태성의 한국사신문　　　　　　　　　　　　　　조선 전기

## 제5호 세종, 민족 문화를 꽃피우다

◆ 장영실　◆ 4군 6진　◆ 훈민정음　◆ 『삼강행실도』　◆ 황희·맹사성·최윤덕

1. **〈큰별 인터뷰〉** 조선의 천재 과학자, 장영실을 만나다
2. 4군 6진 개척, 북방으로 영토 확대
3. 세종, 바른 도리 알리기 위해 『삼강행실도』 편찬
4. '훈민정음' 반포, 백성이 읽고 쓰게 하라
5. **〈큰별 인터뷰〉** 세종과 함께한 명재상 세 명을 만나다
6. **〈큰별 칼럼〉** 『훈민정음해례본』을 지킨 간송 전형필

| 제 5 호 | 조선 전기 |

# 조선의 천재 과학자 장영실을 만나다

천민의 신분을 딛고 높은 관직에 오른 장영실은 물시계인 자격루를 발명하고, 앙부일구와 측우기 같은 과학 기구 제작에 참여해 '천재 과학자'라는 평가를 받았습니다. 그러나 그는 어느 순간 역사에서 흔적을 감추었는데요, 미스터리로 남은 장영실을 직접 만나 보겠습니다.

큰별

**세종 시대 최고의 과학자를 직접 뵙게 되어 영광입니다. 처음에 어떤 계기로 궁궐에서 일하게 되셨나요?**

장영실

사실 저는 지방 관청에서 일하던 노비였습니다. 어려서부터 손재주가 좋아 이것저것 만들고 고치는 것을 잘했습니다. 그런데 그게 소문이 나서 궁궐에서 일하게 되었지요. 그러던 어느 날 전하께서 저의 재주를 인정해 주

큰별 인터뷰

시고, 더 많은 기술을 배워 오라며, 무려 중국으로 유학까지 보내 주셨습니다. 지금도 그때만 생각하면 참 꿈만 같습니다.

**세종께서 직접 눈여겨보셨다니 정말 대단하네요. 중국에서는 어떤 걸 배우고 오셨나요?**

그곳에서 다양한 천문 기구를 살펴보고, 과학 관련 서적도 많이 읽었습니다. 그 덕분에 돌아와서 물시계인 자격루를 발명하고, 해시계인 앙부일구, 강우량을 재는 측우기, 천문 관측 기구인 혼천의를 제작할 때도 함께 할 수 있었지요.

**정말 많은 기구 제작에 참여하셨는데요, 그중 기억에 남는 것이 있나요?**

아무래도 물의 힘으로 스스로 징과 종 등을 울려 시간을 알리는 자격루가 가장 애정이 갑니다. 해시계는 해가 지거나 비가 오면 쓸 수가 없었지요. 그런데 자격루는 물의 힘으로 움직이니 언제나 시간을 정확히 알 수 있답니다.

**정말 멋지네요. 그런데 '가마 사건' 때문에 관직에서 물러나셨다고 들었는데, 어떤 일이 있었나요?**

허허, 그 이야기는 부끄럽기도 하고 안타깝기도 합니다. 전하께서 타시는 가마를 만들었는데, 꼼꼼히 살피지 못한 탓인지 그만 부서지고 말았지요. 다행히 아무도 다치진 않았지만, 자칫 큰 사고로 이어질 뻔했답니다. 그 일로 곤장을 맞고 관직에서 물러났지요. 그래도 노비였던 제가 궁궐에 들어와 재주를 맘껏 펼쳤으니, 그동안 큰 행운이었다고 생각합니다.

재주가 있으면 신분에 상관없이 등용해 그 인물의 능력을 최대로 이끌어 내는 세종의 리더십이야말로 조선 초기 눈부신 과학 기술의 발전을 불러온 가장 큰 원동력인 듯합니다. 지금까지 큰별 기자였습니다.

제5호 　조선 전기

# 4군 6진 개척
# 북방으로 영토 확대

### 세종, 국방 강화에 힘쓰다

조선 세종이 국방을 강화하는 조치를 대대적으로 이어 가고 있다. 1419년, 이종무를 보내 일본 쓰시마섬을 정벌한 데 이어, 최근에는 북방의 여진을 몰아내고 4군 6진을 개척해 북방 영토를 크게 확장한 것이다.

조선은 그동안 주변 나라인 일본, 여진과 우호적인 관계를 유지하려고 노력해 왔다. 그러나 이들이 조선에 위협이 되자 강경하게 대응했다.

큰별 기사

우선 왜구의 약탈로 해안가 주민들의 피해가 계속되자 세종은 군사를 보내 왜구의 근거지인 쓰시마섬을 공격했다.

당시 세종의 명을 받은 이종무는 함대를 이끌고 쓰시마섬을 정벌했고, "다시는 조선을 침범하지 않겠다."라는 약속을 받아내고 돌아왔다. 이때의 정벌은 조선의 해상 국방력을 대내외에 보여 준 사건으로 평가된다.

## 여진을 몰아내고 4군 6진을 설치하다

이어 세종은 조선의 북방을 위협해 온 여진에 대해서도 강력한 군사 조치를 단행했다. 조선 초 태조는 조선에 협력하거나 *귀순하는 여진 사람에게 벼슬과 토지를 내려 주는 등 좋은 관계를 유지하고자 했다. 하지만 여진이 국경을 침범하는 일이 이어졌다.

1432년, 여진 수백 명이 조선 국경을 넘어 백성을 해치는 일이 발생하자, 세종은 최윤덕과 이천에게 여진 토벌을 명했다. 두 장수는 압록강 상류의 여진을 몰아낸 뒤 4군을 설치했다. 뒤이어 진군한 김종서는 두만강 하류 지역까지 정벌한 뒤 6진을 개척했다. 이로써 조선의 북방 영토는 압록강과 두만강까지로 확대되었다.

## 백성을 북방으로 이주시키다

세종은 단순히 영토를 확장하는 데 그치지 않고, 새로 개척한 4군 6진에 백성을 이주시켜 농사를 짓고 마을을 이루도록 할 방침이다. 이는 북방 지역의 방어를 강화하고 새롭게 조선의 영토가 된 지역의 발전과 안정을 도모하려는 것으로 보인다.

세종의 이런 국방 강화 정책 덕분에 조선은 바다와 육지 모두에서 든든한 방어 체계를 갖추게 되었고, 백성의 삶도 한층 더 안정될 것으로 기대하고 있다.

***귀순하다** 적대적인 세력이나 집단에서 반항심을 버리고 스스로 돌아서서 복종하거나 순종하다.

제 5 호  조선 전기

# 세종, 바른 도리 알리기 위해 『삼강행실도』 편찬

『삼강행실도』
(국립 중앙 박물관)

**모든 백성이 바른 도리와 예절을 익혀야**

1434년, 조선 세종은 백성의 삶을 바른길로 이끌기 위해 『삼강행실도(三綱行實圖)』를 편찬하고 전국적으로 보급에 나섰다. 이 책은 유교의 기본 윤리인 '삼강(三綱)', 즉 신하는 임금을 섬기고, 자식은 부모를 공경하며, 아내는 남편을 따르는 도리를 주제로 한 윤리·도덕 교과서이다.

세종이 『삼강행실도』 편찬을 명한 배경에는 1428년에 벌어진 충격적인 사건이 있었다. 김화라는 인물이 자신의 아버지를 살해한 것이다. 세종은 이 소식을 듣고 크게 분노하며, 다시는 이런 일이 일어나지 않도록 백성을 *교화해야 한다고 결심했다.

이에 세종은 집현전 학사들에게 백성을 올바른 길로 인도할 윤리서를 제작하라고 지시했다. 학사들은 중국과 우리나라의 문헌을 참고해 충신, 효자, *열녀 각 110명의 모범 사례를 선정하고, 그들의 행적을 글과 인물의 행동을 묘사한 그림으로 함께 엮었다. 그 덕분에 글을 모르는 백성도 내용을 쉽게 이해할 수 있게 되었다.

### 전국 보급으로 백성 교화

세종은 "모든 백성이 바른 도리와 예절을 익혀야 한다."라며 각 관청에 책을 배포하고, 지방 수령들이 이를 백성 교육에 적극 활용하도록 명했다. 한 지방 관리는 "이제 양반뿐 아니라 일반 백성도 이야기와 그림을 통해 유교 윤리를 배울 수 있게 되었다."라며, 이번 조치가 생활과 풍속을 바꾸는 계기가 될 것이라고 기대감을 드러냈다.

조정은 『삼강행실도』 보급이 조선 사회 전반에 유교적 사회 질서를 확산시켜, 백성의 삶에 실질적인 변화를 가져올 것으로 내다보고 있다.

---

***교화** 가르치고 이끌어서 좋은 방향으로 나아가게 함.
***열녀** 지조와 정조를 꿋꿋하게 지키는 여자.

제 5 호  조선 전기

# '훈민정음' 반포
# 백성이 읽고 쓰게 하라

**백성을 위한 글자가 완성되다**

1446년, 조선 세종이 백성을 위한 글자 '훈민정음(訓民正音)'을 *반포했다. 훈민정음은 '백성을 가르치는 바른 소리'라는 뜻이며, 누구나 쉽게 배우고 쓸 수 있도록 만든 문자이다.

세종은 이날 반포문에서 "우리나라 말은 중국과 달라 한자만으로는 백성이 자신의 뜻을 온전히 표현하지 못하고 있다."라며, "이를 안타깝게 여겨 스물 여덟 글자를 만들었다."라고 창제 의도를 밝혔다. 이는 단순히 새로운 글자를 만든 것이 아니라, 모든 백성이 글을 배우고 자신의 목소리를 낼 수 있는 세상을 연 것이다.

### 『훈민정음해례본』 반포, 집현전 학자들이 함께하다

**세종은 성삼문, 신숙주, 최항, 박팽년, 정인지 등의 집현전 학자들에게 명하여 글자의 해설서인 『훈민정음해례본』을 편찬하게 했다.** 학자들은 2년 6개월간 연구와 실험을 거쳐 해례본을 완성했고, 이번 훈민정음 반포에 맞춰 함께 배포했다.

해례본에는 자음과 모음의 구성 원리를 비롯해 발음의 변화, 글자의 조합 방식 등이 담겨 있다.

한편 최만리 등 일부 신하들은 "한자는 오랜 전통과 권위를 가진 문자이니, 굳이 새 글자를 사용할 필요가 없다."라며 훈민정음 반포에 반대하는 상소를 올렸다. 그러나 세종은 "백성을 위한 일"이라며 뜻을 굽히지 않은 것으로 알려졌다.

### 문자에 과학적 원리 담아

훈민정음에는 세종의 깊은 과학적 통찰과 백성을 향한 애민 정신이 담겨 있다. 집현전의 한 학자는 "훈민정음의 자음은 소리를 내는 기관, 즉 혀, 입술, 목구멍의 모양을 본떠 만들었다. 또 모음은 하늘, 땅, 사람의 형상을 바탕으로 구성되어 있다."라고 그 원리를 설명했다.

그동안 일반 백성은 수천 자에 이르는 한자를 익히기가 힘들어 글을 읽고 쓰는 데 어려움을 겪었다. 그러나 훈민정음은 단 스물여덟 글자로 우리말을 소리 나는 대로 적을 수 있어, 누구나 쉽게 배우고 활용할 수 있을 것으로 보인다. 조정의 한 관리는 "이미 일부 하급 관리들이 새 문자를 쓰기 시작했다."라며 "머지않아 남녀노소 모두가 글을 읽고 쓸 수 있는 세상이 올 것"이라고 기대감을 전했다.

*반포하다 세상에 널리 퍼뜨려 모두 알게 하다.

| 제 5 호 | 조선 전기 |

# 세종과 함께한
# *명재상 세 명을 만나다

　세종은 "훌륭한 정승 한 명만 있어도 나랏일은 걱정이 없다."라고 말했습니다. 바로 '재상'이라 불리는 정승의 역할이 무엇보다 중요하다는 뜻이었지요. 오늘은 세종과 함께 나라를 이끈 세 정승, 황희, 맹사성, 최윤덕을 만나 이야기를 들어 보겠습니다.

**큰별**

**황희 정승께서는 그동안 태조, 태종, 세종, 문종, 이렇게 임금님 네 분을 모시며 아주 오랫동안 재상 자리를 지켜 오셨잖아요. 이렇게 오래 일하실 수 있었던 비결이 뭘까요?**

**황희**

　오히려 제가 여러 임금님을 모실 수 있어 큰 영광이었지요. 특히 세종 대왕님 밑에서는 무려 18년 동안이나 영의정 자리를 맡았답니다. 오래 일할

큰별 인터뷰

수 있었던 이유를 굳이 하나 꼽자면, 의견을 잘 조율하는 능력 덕분이 아니었을까 싶어요. 누구의 말이든 귀 기울여 듣고, 가장 합리적인 방향이 뭘까 늘 고민했거든요. 그리고 유능한 인재를 알아보는 눈이 있었습니다. 세종께서도 그 점을 높이 사서 저를 곁에 오래 두셨던 것 같습니다.

**맹사성 정승께서는 세종의 깊은 신뢰는 물론이고, 백성에게도 존경을 많이 받으셨다고 들었어요. 비결이 뭔가요?**

음, 비결이랄 것까지는 없지만 아마도 제가 청렴하고 검소하게 살려고 노력해서 그런 게 아닐까 싶습니다. 저는 늘 '백성의 삶을 가까이서 보지 않으면 진짜 정치를 할 수 없다'고 믿었어요. 누구에게나 공정하게 대하려고 애썼습니다. 그 덕분인지, 벼슬에서 물러난 뒤에도 세종께서 저를 다시 불러 나랏일을 상의하시곤 했어요. 참 감사한 일이죠.

**여진을 물리치는 데 큰 공을 세우신 최윤덕 정승께서는 원래 무관이셨는데 재상 자리까지 오르셨어요. 혹시 그 과정을 꿈꾸는 이들에게 조언 한마디 해 주실 수 있을까요?**

저는 오랜 기간 무관으로서 나라를 지키기 위해 힘써 왔습니다. 대마도 정벌에 나섰고, 여진을 몰아내어 4군을 설치하기도 했습니다. 본래 끝까지 무관으로 남아 맡은 임무를 다하고자 했으나, 세종께서는 결국 저를 재상으로 임명하시어 우의정과 좌의정을 맡게 되었습니다. 재상의 자리에서도 저는 국방 강화를 위해 늘 힘썼습니다. 맡은 바 임무를 묵묵히 수행하며, 어려운 일이 있을 때는 항상 앞장선 것이 저를 그 자리까지 이르게 한 것 같습니다.

풍부한 경험을 바탕으로 책임감 있게 맡은 임무를 수행하는 것이 바로 세 사람이 명재상으로 기억되는 비결인 듯합니다. 지금까지 큰별 기자였습니다.

***명재상** 정사에 뛰어나서 이름난 재상.

제 5 호 | 조선 전기

# 『훈민정음해례본』을 지킨 간송 전형필

## 간송이 구해 낸 『훈민정음해례본』

"훈민정음의 과학적 원리를 지키다"

우리 민족은 세계가 인정하는 위대한 문화유산, 바로 '훈민정음'을 가지고 있습니다. 조선 세종은 1443년에 훈민정음을 창제하고, 1446년에 세상에 반포했습니다. 그러나 이 위대한 문자가 어떤 원리로 만들어졌는지, 또 왜 만들어졌는지에 대한 기록은 오랫동안 알려지지 않았습니다. 그 때문에 훈민정음에 대한 여러 오해가 생겨났고, 심지어 "세종 대왕이 창살을 보고 글자를 만들었다."라는 근거 없는 이야기가 퍼지기도 했습니다. 이러한 '훈민정음의 비밀'은 일제 강점기까지 풀리지 않았습니다.

그런데 그 암울한 시기에, 마치 기적처럼 놀라운 일이 벌어졌습니다. 경상북도 안동시의 한 *고택에서 『훈민정음해례본』이 세상에 모습을 드러낸 것입니다. 『훈민정음해례본』에는 어떤 소리를 본떠 자음과 모음을 만들었는지, 글자를 어떻게 조합하고 사용하는지, 그리고 세종이 왜 이 문자를 창제했는지가 매우 체계적이고 상세하게 설명되어 있습니다. **이 책을 통해 우리는 훈민정음이 단순한 문자가 아니라, 백성을 위한 위대한 업적임을 새삼 깨닫게 되었죠.**

이 책의 가치를 누구보다 먼저 알아본 인물이 있습니다. 바로 간송 전형필입니다. 그는 한국 최고의 문화유산 수집가로서 우리나라 최초의 사

**고택**
옛날에 지은 오래된 집.

큰별 칼럼

립 미술관인 '보화각'을 설립한 사람입니다.

전형필은 『훈민정음해례본』이 세상에 등장했을 때, 그 *진가를 한눈에 알아봤습니다. 이 책을 *소장하고 있던 사람은 당시로서는 집 한 채를 사고도 남을 만큼 큰돈인 천 원을 요구했습니다. 하지만 전형필은 "진정한 보물이라면 그만한 값을 치러야 한다."라며, 오히려 천 원의 열 배인 만 원을 더 주고 이 책을 사들입니다. 일제 강점기, 우리의 말과 글이 탄압받던 시기에 우리의 정신과 뿌리를 지키겠다는 사명에서 비롯된 것이지요.

그리고 일제의 눈을 피해 그것을 철저히 숨겨 두었습니다. 6·25 전쟁이 일어났을 때도 마찬가지였습니다. 전형필은 자신이 소장하던 수많은 문화유산 가운데 오직 『훈민정음해례본』만을 품에 안고 피란길에 올랐다고 합니다. **목숨을 걸고 지켜 낸 그의 용기와 안목 덕분에, 『훈민정음해례본』은 오늘날까지 우리 민족의 품에서 안전하게 보존되고 있습니다.**

**진가**
참된 값어치.

**소장하다**
자기의 것으로 가지고 있다.

| 제 5 호 | 조선 전기 |

**유출되다**
귀중한 물품이나 정보 따위가 불법적으로 나라나 조직의 밖으로 나가 버리다.

그의 업적은 여기에서 그치지 않습니다. 전형필은 일제 강점기 내내 전국을 돌며 우리 문화유산이 해외로 *유출되는 것을 막기 위해 자신의 전 재산을 털어 문화유산을 수집했습니다. 『훈민정음해례본』 외에도 청자 상감 운학문 매병, 백자 청화 철채 동채 초충문 병, 신윤복필 풍속도 화첩 등 귀중한 문화유산이 전형필의 손을 거쳐 무사히 지켜졌습니다.

그의 삶은 우리에게 중요한 가치를 일깨워 줍니다. 바로 '가치를 알아보는 것', 그리고 '그 가치를 지켜 내는 것'의 위대함입니다. 만약 전형필이 없었다면, 우리는 여전히 훈민정음의 진정한 가치를 알지 못한 채 살고 있을지도 모릅니다. 우리는 전형필의 정신을 이어받아, 우리의 소중한 역사와 문화를 다음 세대에게 온전히 전하는 책임을 잊지 말아야 할 것입니다.

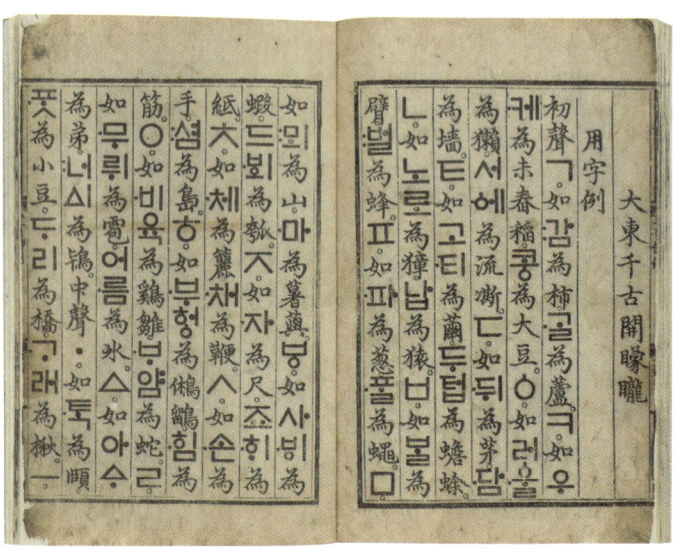

『훈민정음해례본』
(간송미술관)

큰별쌤 최태성의 한국사신문

조선 전기

제 6 호

# 왕위를 둘러싼 권력 다툼이 벌어지다

◆ 계유정난　◆ 사육신　◆ 직전법　◆ 한명회

1. 단종, 열두 살 어린 나이로 왕위에 올라
2. 수양 대군, 계유정난 2년 만에 왕위에 오르다
3. 〈큰별 인터뷰〉 사육신에게 듣는 단종 복위 사건
4. 현직 관리에게만 토지 지급, '직전법' 실시
5. 〈큰별 칼럼〉 압구정에 숨겨진 한명회의 권력과 몰락 이야기

제6호  조선 전기

# 단종, 열두 살 어린 나이로 왕위에 올라

### 문종, 어린 아들을 남겨 두고 세상을 떠나다

1452년, 조선의 제6대 임금 문종이 세상을 떠났다. 29년이라는 긴 세월 동안 세자 자리에 머문 끝에 즉위하였으나, 2년 3개월 만에 병으로 숨을 거둔 것이다.

문종의 *승하 소식에 조정은 슬픔에 잠겼다. 임금의 곁을 지키던 한 신하는 "불과 일주일 전만 해도 병세가 나아지는 듯했는데, 이렇게 갑작스레 떠나실 줄은 몰랐다." 라며 눈물을 훔쳤다.

큰별 기사

무엇보다도 많은 이의 마음을 무겁게 한 것은 문종이 겨우 열두 살인 어린 아들 단종만 남겨 두고 세상을 떠났다는 사실이다.

### 문종, 그는 누구인가

**세종의 맏아들인 문종은 세자 시절부터 아버지를 도와 국정을 이끌었다.** 세종의 병세가 깊어졌을 때는 *대리청정을 맡아 국정을 책임지기도 했다. 즉위 이후에는 세종 때부터 추진해 오던 역법 개정, 농서 편찬 등의 국가사업을 안정적으로 마무리했다. 특히 『고려사』와 『고려사절요』 편찬을 완성하고, 함경도에 *진을 설치하는 등 국방 강화에도 힘썼다.

**하지만 몸이 허약해 왕위에 오른지 얼마 되지 않아 큰 병을 얻게 되었다. 문종은 마지막 순간, 자신이 신뢰하던 재상과 학자들을 불러 어린 단종을 잘 보살펴 달라고 당부했다.** 그중에는 김종서, 황보인 같은 고위 대신은 물론 성삼문, 박팽년, 신숙주 등 집현전의 유능한 학자들도 포함되어 있었다.

### 단종, 조선의 새 임금이 되다

뒤를 이어 즉위한 단종은 세종이 각별히 아끼던 손자이자 문종의 유일한 아들로, 어려서부터 총명하다는 평을 들어 왔다. 왕세자 책봉 이후에는 차기 군주로서의 자질을 차근히 쌓아 왔지만, 열두 살의 어린 나이에 왕위에 오른 그가 앞으로 국정을 어떻게 이끌어 갈지, 그리고 문종의 부탁을 받은 신하들이 어떻게 단종을 보좌할지에 온 나라의 관심이 쏠리고 있다.

*승하 임금이 세상을 떠남을 높여 이르는 말.
*대리청정 왕이 정사를 제대로 돌볼 수 없게 되었을 때 세자나 세제가 왕 대신 정사를 돌보는 일.
*진 군사상 중요한 지역에 설치한 지방 행정 구역.

제6호 조선 전기

# 수양 대군, 계유정난 2년 만에 왕위에 오르다

### 세조, 조카 단종에게서 왕위 빼앗아 즉위

1455년, 수양 대군이 조카 단종에게서 왕위를 빼앗아 세조로 즉위했다. 앞서 1453년 계유정난을 통해 정권을 장악했을 때부터 이미 왕위 *찬탈을 염두에 두고 있었던 것으로 보인다.

단종이 열두 살의 어린 나이로 즉위했을 때부터 이런 상황은 이미 예견됐다. 왕실 어른의 부재로 국정 운영을 고위 대신들에게 의존할 수밖에 없었고, 그 결과 좌의정 김종서와 영의정 황보인의 영향력이 점점 커졌다.

# 큰별쌤 최태성의 한국사신문 ③④ 연표

## 조선 전기

### 태조
- 조선 건국(1392)
- 도읍을 한양으로 정함
- 제1차 왕자의 난(정도전 피살)

**정도전의 활동**
- 건국 초 체제 정비에 기여
- 한양 도성 설계
- 『조선경국전』 편찬

### 정종
- 제2차 왕자의 난
  (이방원 왕세제 책봉)

### 태종
- 6조 직계제 실시
- 전국을 8도로 나누고 관리 파견
- 왕족과 공신의 사병 폐지
- 호패법 실시, 신문고 설치

### 세종
- 집현전 설치
- 훈민정음 창제(1443)
- 측우기, 자격루, 앙부일구 등 제작
- 『농사직설』, 『삼강행실도』, 『칠정산』 등 편찬
- 4군 6진 개척(최윤덕, 김종서)
- 쓰시마섬 정벌(이종무)

### 문종

### 단종
- 계유정난
  → 수양 대군(세조) 정권 장악

### 세조
- 단종 복위 운동(성삼문 등)
- 6조 직계제 부활
- 집현전 철폐, 경연 폐지
- 직전법 실시
- 『경국대전』 편찬 시작

### 예종

### 성종
- 『경국대전』 완성, 반포
- 홍문관 설치, 경연 부활
- 『국조오례의』 편찬
- 중앙 정계에 사림 등용

### 연산군
- 무오사화
- 갑자사화

### 중종
- 중종반정
- 기묘사화

**조광조의 개혁 정치**
- 소격서 혁파
- 현량과 실시
- 위훈 삭제 주장 등

### 인종

### 명종
- 을사사화
- 임꺽정의 난

### 선조
- 사림, 동인과 서인으로 붕당 형성
- **임진왜란(1592~1598)**

**임진왜란의 전개**
- 한산도 대첩
- 진주 대첩
- 평양성 전투
- 행주 대첩
- 명량 대첩, 노량 해전

## 조선 후기

### 광해군
- 중립 외교 정책
- 대동법을 경기도에 처음 실시
- 허준, 『동의보감』 완성

### 인조
- 인조반정(1623)
  → 친명배금 정책
- 정묘호란(1627)
- **병자호란(1636~1637)**

### 효종
- 북벌 정책 추진
- 청의 요청으로 두 차례 조총 부대 파견(나선 정벌)

### 현종
- 1, 2차 예송

### 숙종
- 상평통보가 전국적으로 유통됨
- 경신환국, 기사환국, 갑술환국
- 대동법이 전국적으로 확대 시행됨
- 백두산정계비 건립

### 경종

### 영조
- 탕평책 실시
- 탕평비 건립
- 균역법 실시

### 정조
- 규장각 육성
- 초계문신제 시행
- 장용영 설치
- 수원 화성 건립
- 신해통공

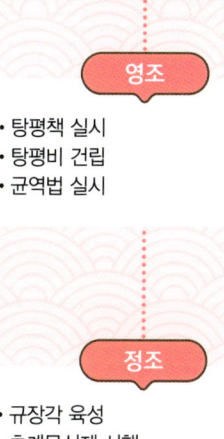

### 순조
- 공노비 해방
- 신유박해(1801)
- 홍경래의 난(1811)

**세도 정치 시기**

### 헌종

### 철종
- 최제우, 동학 창시
- 김정호, 대동여지도 제작
- 임술 농민 봉기(1862)
  → 삼정이정청 설치(1862)

### 고종
- 흥선 대원군 집권

아이스크림북스

큰별 기사

### 계유정난 발생, 실권을 장악한 수양 대군

왕위를 노리며 세력을 확대해 나가던 수양 대군은 한명회를 비롯한 측근들과 함께 1453년 계유정난을 일으켰다. 그는 김종서와 황보인이 단종을 물러나게 하고 안평 대군(세종의 셋째 아들)을 새 임금으로 세우려 한다고 주장하며, 이를 정변의 이유로 내세웠다.

그날 아침, 수양 대군은 김종서를 궁궐로 불러내 *철퇴로 머리를 쳐 크게 다치게 했다. 밤이 되자 집으로 옮겨진 김종서에게 군사를 보내 죽였고, 황보인 역시 같은 날 밤 처형했다.

정변이 끝난 직후, 수양 대군은 단종을 직접 찾아가 안평 대군을 왕으로 세우려는 음모를 막아야 한다며 국방과 군사권을 자신에게 맡기도록 강요했다. 이후 그는 반대파를 빠르게 제거하고 조정의 실권을 손에 넣었으며, 자신을 도운 43명을 '정난공신'으로 임명해 상을 내렸다.

### 세조 즉위, 찬반 여론 엇갈려

계유정난이 일어난 지 2년 뒤, 수양 대군은 마침내 단종에게서 공식적으로 왕위를 넘겨받아 세조로 즉위하게 된 것이다. 이를 두고 조정 안팎의 의견은 크게 갈렸다.

익명을 요구한 한 집현전 학자는 "조카에게서 왕위를 빼앗는 일은 유교적 윤리에 어긋나는 일"이라며 강하게 비판했다. 반면 세조의 최측근인 한명회는 "신하들의 권력이 지나치게 강해져 왕권이 약화되었고, 계유정난은 조선 왕실의 질서를 바로잡으려는 불가피한 조처였다."라고 주장했다.

세조의 즉위로 조선 정치가 어떤 새로운 흐름을 맞게 될지, 그리고 상왕이 된 단종이 앞으로 어떤 운명을 맞게 될지에 관심이 쏠리고 있다.

*찬탈 왕위, 국가 주권 따위를 억지로 빼앗음.
*철퇴 쇠로 만든 몽둥이

| 제 6 호 | 조선 전기 |

# 사육신에게 듣는 단종<sup>*</sup> 복위 사건

조선 세조가 조카 단종에게서 왕위를 빼앗자, 이에 반대하며 단종을 다시 왕위에 올리려다 목숨을 잃은 충신 여섯 명이 있습니다. 이들을 '사육신'이라고 부르는데요, 오늘은 사육신을 모시고 그때 이야기를 직접 들어 보겠습니다.

**큰별**: 세조가 이미 왕이 되었는데, 단종을 다시 왕으로 세우려 한 이유는 무엇인가요?

**성삼문**: 수양 대군은 처음에는 어린 단종을 돕겠다고 했습니다. 계유정난도 나라를 안정시키기 위한 거라고 했고요. 그런데 결국 단종에게서 왕위를 빼앗고 자신이 왕이 됐습니다. 그걸 보면 애초부터 왕위를 노리고 있었던 거죠.

## 큰별 인터뷰

단종은 세종의 손자이자 문종의 맏아들이니, 정통성으로는 의심할 여지가 없어요. 저희는 그런 단종을 몰아낸 세조가 옳지 않다고 판단했지요. 그래서 뜻이 맞는 이들과 함께 단종을 다시 왕위에 올리기로 계획한 겁니다.

**성삼문, 박팽년, 하위지, 이개, 유성원, 유응부 이렇게 여섯 분이 함께하셨다고 들었어요. 특별한 인연이 있었나요?**

저희는 대부분 집현전에서 같이 일했던 사이입니다. 평소에도 생각을 많이 나누었기에 자연스럽게 뜻이 모였죠. 저희뿐만 아니라, 밖에서 도움을 준 분들도 꽤 있었습니다.

저는 무관이었는데, 저 같은 무신들도 함께했어요. 단종의 장인인 송현수와 매형인 정종 같은 분도 힘을 보탰고요. 단종께 다시 자리를 돌려 드려야 한다는 생각은 우리만의 뜻이 아니었습니다.

**그런데 계획이 어쩌다 들통난 건가요?**

정말 안타까운 일이었습니다. 원래는 세조가 참석하는 연회 자리에서 일을 벌일 계획이었어요. 하지만 일정이 자꾸 미뤄지다 보니 계획이 밖으로 새고 말았지요.

계획이 늦어지니까 복위 운동에 참여한 한 사람이 불안함을 이기지 못하고 세조에게 모든 걸 말해 버렸어요. 만약 거사가 계획대로 이뤄졌다면 결과는 달랐을지도 모르지요.

이들은 결국 처형되거나 감옥에서 숨을 거두었지만, 지금까지 \*충절의 상징으로 기억되고 있습니다. 여기까지 큰별 기자였습니다.

---

\***복위** 왕이나 왕비의 자리에서 내려왔다가 다시 그 자리에 오름.
\***충절** 충성스러운 절개.

제 6 호 　조선 전기

# 현직 관리에게만 토지 지급 '직전법' 실시

### 과전법, 토지 부족 문제에 직면하다

1466년, 조선 세조는 기존 토지 제도의 문제점을 해결하고자 '과전법'을 폐지하고 '직전법'을 실시한다고 밝혔다.

과전법은 고려 말 공양왕 때부터 시행된 제도인데, 관리에게 토지를 직접 소유하게 하는 대신, 토지에서 나오는 '세금을 거둘 수 있는 권리', 즉 수조권을 주는 제도이다. 당시에는 현직 관리와 퇴직한 관리 모두에게 과전이 지급되었다.

큰별 기사

하지만 시간이 흐르면서 과전법의 한계가 드러나기 시작했다. 원칙적으로 관리가 사망하면 수조권을 반납해야 했지만, '수신전'과 '휼양전'이라는 이름으로 남은 가족에게 상속되면서 토지가 점점 부족해진 것이다. 이에 새로 임명되는 관리에게 토지를 지급하기 어려운 상황이 되고 말았다. 토지를 받지 못하는 젊은 관리의 불만이 커졌고, 기존 수조권을 가진 관리들과 갈등도 심화되었다.

### 세조, 직전법으로 토지 제도 개혁

세조는 이러한 문제를 해결하고자 1466년, 직전법을 발표했다. **직전법의 핵심은 '수신전'과 '휼양전'을 폐지하고, 오직 현직 관리에게만 토지 수조권을 부여한다는 것이다.** 앞으로는 상속이 불가능하며, 퇴직하면 곧바로 그 권한을 국가에 반납해야 한다.

한 젊은 관리는 "임명된 지 오래되었지만 그동안 토지를 받지 못해 경제적 어려움이 많았다."라며 "이제야 웃을 수 있게 되었다."라고 소감을 밝혔다. 반면 곧 퇴직이 예정된 한 관리는 "곧 관직에서 물러나게 될 텐데, 수입이 끊기면 자녀 교육비와 생계가 걱정이다."라고 걱정을 앞세웠다.

실제로 퇴직 후 생활이 보장되지 않는다는 이유로 직전법에 불만을 품는 관리도 많았다. 한 경제 전문가는 "직전법이 당장은 토지 부족 문제를 해결할 수 있을지는 모르지만, 퇴직 후 생계가 보장되지 않는 상황에서 관리들이 현직에 있을 때 무리하게 세금을 거두는 현상이 발생할 수 있다."라며 우려했다.

과연 조선 정부가 이런 부작용을 이겨 내고 직전법을 안정적으로 정착시킬 수 있을지 관심이 모아지고 있다.

제 6 호 | 조선 전기

# 압구정에 숨겨진 한명회의 권력과 몰락 이야기

**킹 메이커**
다른 사람을 권력의 자리에 오르게 하는 데 큰 영향력을 행사하는 사람.

### 수양 대군을 왕으로 만든 *킹 메이커

**"권력을 향한 한명회의 질주"**

여러분은 혹시 '압구정'이라는 이름을 들어 본 적 있나요? 오늘날에는 동네 이름으로 잘 알려져 있지만, 원래는 조선 시대에 세워진 정자 이름입니다. '압구정'은 한강을 내려다볼 수 있는 곳에 자리 잡아, 풍류를 즐기거나 여유롭게 쉴 수 있는 명소였지요. 이 정자를 세운 인물은 조선의 '킹 메이커'라 불리는 한명회였습니다. 그의 호인 '압구'는 이 정자의 이름에서 따온 것이지요.

한명회는 젊은 시절 수차례 과거 시험에 낙방하였고, 서른여덟이 되어서야 겨우 궁지기라는 말단 관직을 얻게 되었습니다. 그러던 중 운명처럼 친구의 소개로 수양 대군을 만나게 되었고, 이 만남은 그의 인생을 완전히 바꿔 놓았습니다.

그는 수양 대군과 함께 '계유정난'을 계획해 실행에 옮겼고, 이 사건을 계기로 수양 대군은 결국 왕위에 오르게 되었으니까요. 한명회는 이 공을 인정받아 핵심 공신에 오르며 조정의 중심 인물이 됩니다.

그의 권력은 거기에서 그치지 않았습니다. 단종 복위 운동을 일으킨 세력을 강하게 진압하면서 세조의 절대적인 신임을 얻었고, 이후에도 꾸준히 정치적 영향력을 넓혀 나갑니다. 두 딸을 각각 예종과 성종의 왕비로

큰별 칼럼

시집보내면서 그의 입지는 더욱 단단해졌습니다.

성종이 열두 살의 어린 나이로 왕위에 오르자, 대비인 정희 왕후가 \*수렴청정을 했습니다. 이때 성종의 장인인 한명회는 정희 왕후와 힘을 합쳐 막강한 권력을 누리게 됩니다.

하지만 성종이 직접 정치를 시작하면서 상황은 달라집니다. 어느 날, 명에서 온 사신이 한명회의 압구정을 구경하고 싶다고 했습니다. 이에 한명회는 손님을 성대하게 맞이하고자 궁궐에서 왕이 쓰는 용봉 차일, 쉽게 말하면 용과 봉황이 새겨진 국왕 전용 천막을 빌려 달라 청했죠.

성종이 이를 허락하지 않자 한명회는 언짢은 기색을 보이며 왕실 행사에 참여하지 않았어요. 권력에 취해 무례한 행동을 한 것입니다.

**수렴청정**
임금의 나이가 어릴 때 왕대비나 대왕대비가 도와 정사를 돌보던 일.

제 6 호    조선 전기

**탄핵**
잘못한 일을 따져서 크게 꾸짖거나 책임을 묻는 것.

이에 조정 신하들은 "아무리 높은 신하라도 왕의 물건을 사사로이 쓸 수는 없다."라며 강하게 반발했습니다. 왕과 신하의 구분을 흐리는 태도라는 비판이 거세졌고, 결국 한명회는 *탄핵이 되어 벼슬에서 물러나야 했습니다.

이후 한명회의 권세는 급격히 약해졌고, 주변 사람들도 하나둘 그의 곁을 떠났습니다. 얼마 지나지 않아 그는 73세 나이로 생을 마감합니다. 그러나 그의 몰락은 죽음으로 끝나지 않았습니다.

그가 세상을 떠난 지 17년 뒤, 연산군이 어머니 폐비 윤 씨의 죽음에 관련된 사람들을 대거 처벌한 '갑자사화'가 일어났습니다. 연산군은 이미 세상을 떠난 인물에게도 예외 없이 벌을 내렸고, 그중에는 한명회도 있었습니다. 그는 무덤을 파헤쳐 관을 꺼낸 뒤 시신의 목을 베는 부관참시라는 형벌을 당하게 됩니다.

한때 왕조차도 함부로 하지 못했던 권세였지만, 죽은 뒤에는 이처럼 처참한 최후를 맞이하게 된 것이지요.

오늘날 우리는 압구정을 지나칠 때마다, 그 화려한 이름 뒤에 숨겨진 한명회의 삶을 떠올려 볼 필요가 있습니다. 아무리 높은 자리에 올라 모든 것이 내 뜻대로 되는 것처럼 보여도, 그 꼭대기는 어쩌면 추락의 시작일 수 있다는 사실을요. **그렇기 때문에 높은 자리에 오르고, 많은 것을 가질수록 겸손한 태도로 자신을 돌아봐야 합니다.** 겸손을 잃는 순간 위태로워질 수 있습니다. 이것이 바로 한명회의 삶이 우리에게 전하는 교훈입니다.

큰별쌤 최태성의 한국사신문  조선 전기

## 제 7 호 성종, 사림을 등용하다

◆ 사림  ◆ 홍문관  ◆ 언론 3사(사헌부·사간원·홍문관)

1  성종, 사림 전격 등용, 조정 내 세력 균형 시도
2  성종, 홍문관 확대 개편
3  〈큰별 인터뷰〉 사헌부, 사간원, 홍문관, 언론 3사의 관리를 만나다
4  〈큰별 칼럼〉 '아니 되옵니다'의 나라, 조선

제 7 호 　 조선 전기

# 성종, 사림 전격 등용
# 조정 내 세력 균형 시도

**성종, 지방 사림을 조정으로 불러들이다**

　조선 성종이 최근 사림을 대거 등용하여 조정에 새바람이 불고 있다. **사림은 조선 건국에 참여하지 않고 지방에서 성리학 연구에 집중한 학자들의 제자들로, 중앙 정치와 거리를 두고 지방에서 학문 연구와 제자 양성에 힘쓰던 선비 집단이다.** 사림은 도덕을 중시하고 왕도 정치를 강조하는 등 개혁적 성향을 지닌 것으로 알려졌다.

성종은 사림을 홍문관, 사간원, 사헌부 등 언론 기능을 담당하는 3사에 집중 배치했다. 이는 세조가 왕위에 오르는 과정에서 공을 세운 공신과 왕실의 외척 세력으로 이루어진 *훈구의 힘이 지나치게 커지자 이를 견제하려는 조치로 분석된다.

### 훈구와의 세력 균형을 꾀하다

일부 정치 전문가들은 사림과 훈구의 충돌이 불가피하다고 보고 있다. 성종이 두 세력을 견제해 왕권을 강화하는 가운데, 사림이 훈구의 권력 독점과 부패를 비판하면서 갈등이 더욱 깊어질 가능성이 크다는 분석이다.

익명을 요구한 한 관리는 "사림이 조정에 들어온 뒤 긴장감이 높아졌다. 훈구는 자신들의 입지가 흔들리자 사림을 더욱 경계하고 있다."라고 우려했다. 성종의 인재 등용 정책이 과연 조정에 어떤 변화를 가져올지 주목된다.

---

***훈구** 대대로 나라나 군주를 위하여 드러나게 세운 공로가 있는 집안이나 신하.

제 7 호 　 조선 전기

# 성종
# 홍문관 확대 개편

### 정책 기관으로 변신한 홍문관

1478년, 조선 성종이 홍문관을 정책 기관으로 개편했다. 홍문관은 조선 세조 때 설치되어 왕실 서적을 보관하고 관리하는 도서관 역할만 수행해 왔다.

하지만 성종은 유교적 정치 철학을 실현하려면 학문 연구와 정책 자문을 담당할 독립적인 기관이 필요하다고 판단했다. 이에 따라 과거 집현전이 맡았던 경연 운영, 국왕 자문, 경서 해석, 문서 작성 등의 업무를 홍문관에 부여한 것이다.

## 홍문관, 집현전을 계승하다

집현전은 학문 연구뿐 아니라 국왕과 정책 토론을 하며 국가를 운영하는 두뇌 역할을 해 왔다. 그러나 단종 복위 사건에 일부 집현전 신하들이 연루되자, 세조는 이를 문제 삼아 집현전을 폐지하고 경연을 중단했다.

세조는 신하들과의 학문적 논의보다는 강력한 왕권 중심 통치를 우선시해 왔다. 이에 따라 한동안 학문과 정책을 연결하는 토론 기구는 사라지게 되었다.

이후 성종은 정치적 안정을 바탕으로 다시 유교적 이상 정치를 실현하려는 의지를 내비쳤고, 그 중심에 '홍문관'이 자리 잡게 되었다. 전문가들은 "홍문관은 과거 집현전의 기능을 계승하고, 유교적 통치 이념을 실현하기 위한 기관"이라고 입을 모아 말했다.

## 성종, 경연 제도를 부활시키다

성종은 홍문관의 역할을 강화하는 것과 동시에 경연 제도도 부활시켰다. 경연은 국왕과 신하들이 함께 경전을 읽고, 나라의 정책과 제도를 논의하던 자리였다. 제도가 다시 시행되는 만큼 홍문관이 왕의 잘못을 바로잡고 국정 운영에 조언하는 언론 기관의 역할도 담당하게 될 것으로 보인다.

성종의 경연에 참석한 한 관리는 "경연이 하루에 무려 세 번이나 열렸습니다. 심지어 깊은 밤중에도 신하들을 부르셨습니다."라고 전했다.

한편, 홍문관 확대 개편으로 국가 주도의 편찬 사업도 다시 활기를 되찾을 것으로 기대된다.

| 제 7 호 | 조선 전기 |

# 사헌부, 사간원, 홍문관 언론 3사의 관리를 만나다

조선 시대에는 왕이 잘못된 결정을 하지 않도록 바른말을 하는 기관이 있었습니다. 바로 사헌부, 사간원, 홍문관인데, 이 세 기관을 묶어 '언론 3사'라고 불렀지요. 오늘은 각 기관의 대표를 모시고 어떤 일을 담당했는지 직접 들어 보겠습니다.

**큰 별**: 세 분 모두 조선의 언론 기관을 담당하고 계시는데요, 먼저 사헌부의 수장인 대사헌께 여쭙겠습니다. 사헌부에서는 주로 어떤 일을 하셨나요?

**대사헌**: 사헌부는 조선 시대 나라의 기강을 바로 세우는 기관입니다. 관리들이 법을 어기거나 부정을 저지르면 이를 조사해 임금에게 알리고 처벌을 건의했

습니다. 또 백성의 잘못된 풍속을 바로잡고 억울한 사정을 살피기도 했죠. 그리고 나랏일을 더 나아지게 할 방안을 건의하기도 했습니다.

**사헌부는 모두를 지켜보는 '눈' 같은 곳이었군요! 이번에는 사간원의 대표이신 대사간께도 여쭙겠습니다. 사간원에서는 어떤 일을 하셨나요?**

사간원의 가장 중요한 일은 '간쟁'입니다. 간쟁이란, 왕의 잘못된 정책이나 행동을 바로잡아 달라고 솔직하게 말씀드리는 것이죠. 왕이 지나치게 독단적으로 움직이지 않도록 균형을 잡는 것도 저희 몫이고요. 사실 사헌부와 저희 사간원의 일은 겹치는 부분도 많아요. 나라가 바르게 운영되도록 하는 것이 공통된 목표였으니까요.

**홍문관을 이끄시는 대제학께도 여쭤보겠습니다. 홍문관은 집현전을 계승한 기관이었는데 어떻게 언론 역할까지 하게 되었나요?**

말씀하신 대로 홍문관이 처음부터 언론 기관은 아니었어요. 본래 저희는 학문을 연구하고, 경연을 열어 토론하며, 왕의 물음에 자문을 드리는 기관이었죠. 그런데 정치나 정책을 논의하는 일이 잦아지면서 자연스럽게 의견을 내게 되었고, 이 과정에서 사헌부나 사간원과 함께 왕과 관리의 잘못을 비판하는 역할까지 담당하게 된 것이죠.

언론 3사의 '바른말'이 권력의 독점과 부정을 막고, 나라가 올바른 방향으로 운영되는 데에 큰 역할을 한 것 같네요. 지금까지 큰별 기자였습니다.

제 7 호　조선 전기

# '아니 되옵니다'의 나라 조선

### 조선 500년 역사의 비밀

"왕과 언론 3사의 아슬아슬 줄다리기"

　여러분은 '조선'이라는 나라를 떠올리면 어떤 모습이 먼저 생각나나요? 혹시 성리학 규범에 지나치게 얽매여 답답하고 경직된 나라라는 이미지를 갖고 있지는 않나요?

　그런데 여기에서 한 가지 중요한 사실을 짚고 넘어갈 필요가 있습니다. 조선은 무려 500년이나 이어진 왕조였다는 점입니다. 만약 조선이 불합리하게만 운영되었다면, 그렇게 오래도록 지속될 수 있었을까요?

　**조선에는 다른 나라에서는 보기 힘든 독특한 제도가 있었습니다. 바로 "아니 되옵니다!"라는 말로 상징되는 \*간언 문화입니다.** 비록 왕이 최고의 권력을 가졌지만, 임금의 결정에 이의를 제기하고 잘못을 바로잡기 위해 바른말을 할 수 있는 제도가 마련되어 있었습니다.

　세종 7년, 사간원에서 임금에게 \*격구를 폐지하자는 건의가 올라왔습니다. 세종이 "격구는 무예 훈련에도 도움이 되니 굳이 그럴 필요는 없다."라고 하자, 지사간 고약해가 나서서 말했습니다. "지금은 문제가 없더라도, 훗날 어리석은 임금이 여기에 집착하면 나라에 해가 될 수 있습니다." 이는 임금의 기분보다 나라의 장래를 먼저 생각한 직언이었습니다.

　고약해는 이후에도 여러 사안에서 세종에게 거침없이 바른말을 이어

**간언**
옳지 못하거나 잘못된 일을 고치도록 하는 말.

**격구**
말을 타고 달리며 막대기로 공을 치는 무예.

**큰별 칼럼**

갔습니다. 세종은 그의 직언에 난감해하면서도, 다른 신하들이 간언을 주저하게 될까 염려해 벌을 내리고도 곧바로 거두어들이며 용서했습니다. 이 일화는 조선 시대에 신하들이 임금에게도 당당히 바른말을 할 수 있는 분위기가 마련되어 있었음을 잘 보여 줍니다.

이러한 분위기는 사간원, 사헌부, 홍문관으로 이루어진 '언론 3사'를 통해 제도적으로 뒷받침되었습니다. 언론 3사는 서로 견제하고 협력하며 왕과 대신들의 잘못을 바로잡는 감시자 역할을 맡았고, 국왕이나 고위 관리라도 그들의 목소리를 함부로 무시할 수 없었습니다.

간언을 담당한 관원들은 때때로 자신의 목숨을 걸고서라도 잘못된 일을 바로잡기 위해 목소리를 냈습니다. 왕의 노여움을 살 줄 알면서도 나라를 위한 길이라면 물러서지 않았습니다. 왜일까요? **권력이 어느 한쪽으로 치우치지 않고 균형을 잘 유지해야 나라가 건강하게 유지될 수 있다는** *신념 때문이었습니다.

**신념**
굳게 믿는 마음.

| 제 7 호 | 조선 전기 |

**부조리**
이치나 도리에 맞지 않는 일.

**소신**
굳게 믿고 있는 바.

　조선이 500여 년이나 지속될 수 있었던 중요한 이유 중 하나는, 언론 기관이 왕과 대신을 비판하고 견제하며 권력의 균형을 유지하려고 노력했기 때문입니다. 물론 조선에도 *부조리와 부정부패가 있었기에 완벽한 나라였다고 할 수는 없습니다.

　그러나 그 안에서 건강하고 올바른 방향으로 나라를 이끌기 위한 노력이 이어졌다는 점이 중요합니다. 바로 그 점이 조선이 세계사에서도 드물게 오랜 역사를 이어 갈 수 있었던 원동력이었습니다.

　오늘날에도 이런 용기 있는 목소리는 여전히 중요합니다. 잘못을 보고도 침묵한다면, 그 피해는 결국 우리 모두에게 돌아올 수 있습니다. **공공의 이익을 위해 \*소신 있게 말할 줄 아는 태도, 정의를 위한 작은 용기, 이것이 바로 우리가 지켜야 할 가치입니다.**

　언젠가 여러분도 그런 상황을 마주하게 될 수 있습니다. 그럴 때는 두려워하지 말고, 잘못된 일에는 "아니 되옵니다!"라고 말할 수 있는 용기와 지혜를 간직하기 바랍니다. 이러한 마음들이 모일 때, 우리는 함께 정의롭고 바른 사회를 만들어 갈 수 있습니다.

큰별쌤 최태성의 한국사신문 　　　　　　　　　　　　조선 전기

## 제8호 성종, 나라의 기틀을 완성하다

◆ 『경국대전』　◆ 『동국통감』　◆ 성균관　◆ 성리학 질서 강화

1. 『경국대전』 반포, 조선의 기본 법전 완성
2. 〈큰별 광고〉 성종의 책장 속 베스트셀러
3. 〈큰별 인터뷰〉 성균관 유생에게 듣는 조선의 관리 등용 제도
4. 〈큰별 칼럼〉 성종의 성리학 질서 강화, 여성의 삶을 가두다

제8호 조선 전기

# 『경국대전』 반포
# 조선의 기본 법전 완성

『경국대전』
(국립 중앙 박물관)

### 조선의 기본 법전이 완성되다

1485년, 조선 성종이 조선의 기본 법전인 『경국대전』을 반포했다. 성종은 "앞으로 이 법전은 나라를 다스리는 근본이 될 것이며, 이를 바탕으로 유교적 통치 질서를 확립해 나가겠다."라고 밝혔다.

『경국대전』은 이조, 호조, 예조, 병조, 형조, 공조 등 6조의 업무에 맞춰 총 6권으로 구성되어 있다. 각 권에는 정치와 인사 제도를 담은 『이전』, 토지와 세금 같은 재정을 다룬『호전』, 과거제와 교육 제도를 담은『예전』, 군사 제도를 정리한『병전』, 형벌 규정을 모은『형전』, 건축과 토목 관련 규정을 실은『공전』이 포함되었다.

### 출산 휴가부터 혼인 규정까지, 백성을 위한 조항들

『경국대전』에는 백성의 삶과 관련된 조항도 담겨 있어 눈길을 끈다.『경국대전』에 따르면, 관청의 노비에게는 출산 전 30일, 출산 후 50일 휴가가 보장되고, 남편에게도 15일 휴가가 주어진다. 이는 세종 때 처음 시행된 공노비의 출산 휴가 제도를 정비한 것이다.

그 외에도 "남자는 15세, 여자는 14세가 되어야 혼인할 수 있다.", "부모가 60세 이상이거나 병이 있으면 자식은 군역을 *면제받을 수 있다." 등의 조항도 포함되어 있어, 법을 통해 백성의 권익을 보호하고 안정적인 삶을 보장하고자 하는 노력을 확인할 수 있다.

### 법으로 유교 정치의 기반 마련

『경국대전』은 조선 태조 시기에 정도전이 구상한『조선경국전』을 바탕으로,『경제육전』과『속육전』등 여러 법전의 전통을 이어, 하나의 통일 법전을 만들고자 한 시도에서 비롯되었다. 세조 대에 본격적으로 시작된 편찬 작업에는 관리와 학자 수십 명이 참여했으며, 오랜 기간 수정과 보완을 거쳐 약 30년 만인 성종 대에 완성되었다.

이 법전을 시행함으로써 조선은 유교 이념에 기반한 법치주의를 확립하고, 전국적으로 공정하고 일관된 기준에 따라 나라를 운영할 수 있는 제도적 틀을 갖추게 되었다.

***면제받다** 책임이나 의무 따위를 면하게 되다.

큰별 광고

# 성종의 책장 속 베스트셀러

국가의 정체성과 품격을 세우기 위한 지식을 집대성한 대표 도서를 소개합니다.

**역사**

『동국통감』 "고조선부터 고려까지 2천 년 역사가 한눈에"

1485년, 약 2,000년에 이르는 우리 민족의 역사를 연대순으로 정리한 조선 최초의 *편년체 역사서입니다. 『동국통감』은 총 382권이며, 외기, 삼국기, 신라기, 고려기 등으로 구성되어 있습니다. 외기에는 고조선과 삼한 등 선사 시대, 삼국기에는 삼국 시대, 신라기에는 통일 신라, 고려기에는 고려 왕조의 역사 기록을 만나 볼 수 있습니다.

『동국통감』 (국립 중앙 박물관)

*편년체 역사적 사실을 연대순으로 기록하는 방법.

## 사회

### 『국조오례의』 "국가의 품격을 세운 의례 지침서"

1474년 출간된 『국조오례의』는 국가 의례를 정리한 도서입니다. 국가 제사와 종묘 의식, 장례 절차, 군사 의식, 외교 사절 접대, 혼례 등의 행사를 체계적으로 담고 있습니다.

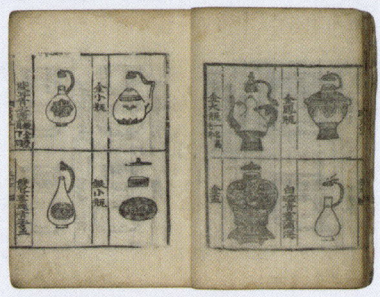

『국조오례의』 (국립 중앙 박물관)

## 지리

### 『동국여지승람』 "조선 팔도를 담은 인문지리의 백과사전"

1481년 완성된 『동국여지승람』은 조선의 대표적인 지리서입니다. 전국 팔도의 역사, 지리, 풍속, 산물, 문화유산 등을 종합적으로 정리했습니다.

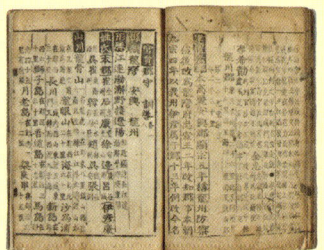

『동국여지승람』 (국립 중앙 박물관)

## 음악

### 『악학궤범』 "궁중 음악과 예술의 완전한 매뉴얼"

1493년 출간된 『악학궤범』은 궁중 음악을 정리한 음악 백과사전입니다. 궁중 의례에서 사용된 음악, 악기, 무용, 의상 등의 내용이 그림과 함께 담겨 있습니다.

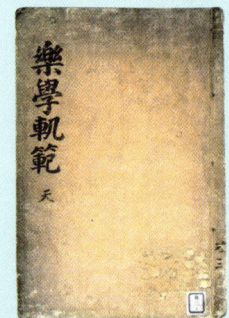

『악학궤범』 (한국민족문화대백과사전)

| 제 8 호 | 조선 전기 |

# 성균관 유생에게 듣는 조선의 관리 등용 제도

성균관은 조선 시대 최고의 교육 기관으로, 오늘날의 국립 대학에 해당합니다. 오늘은 성균관에서 공부하는 유생을 만나 그곳의 생활과 조선의 관리 등용 제도에 대해 들어 보겠습니다.

**큰별**: 조선 최고의 학교인 만큼 성균관에 들어가기도 쉽지 않았을 것 같아요. 어떻게 해야 입학할 수 있나요?

**유생**: 성균관에 들어가려면 먼저 '소과'라는 과거 시험을 통과해 생원이나 진사가 돼야 합니다. 정원은 200명이에요. 소과에 합격한 사람만 입학하는 것이 원칙이지만, 정원이 모자라는 경우에는 일정한 규칙에 따라 나머지 인원을 선발했죠.

큰별 인터뷰

 그런 어려운 과정을 거치셨다니, 정말 대단합니다. 성균관에서 보내는 하루는 어떤가요?

 이른 새벽 북소리로 하루가 시작돼요. 일어나자마자 식당으로 가서 아침을 먹는데, 이때마다 출석 명부에 '원점'을 찍어요. 이 점수를 꾸준히 쌓아서 300점을 넘기면 문과 대과에 응시할 수 있는 자격이 생기지요.

 하루하루 모은 점수가 미래를 결정했군요. 그런데 문과 대과라는 말이 조금 생소한데요, 조선의 과거 제도를 설명해 주시겠어요?

 조선에서는 과거 시험을 쳐서 인재를 뽑았어요. 과거 제도는 크게 문과, 무과, 잡과로 나뉘어요. 문과에서 치르는 시험은 1차 '소과'와 본시험인 '대과'로 구성되어 있죠. 이 시험은 원칙적으로 3년에 한 번씩 치러집니다. 대과에 합격해야만 고위 관리가 될 수 있어서 다들 무척 열심히 공부해요. 이 외에도 성균관 유생만을 위한 특별한 과거 시험도 있어요.

 그렇다면 성균관에서 공부하면 관리가 되는 길이 훨씬 유리하겠군요. 이런 교육은 성균관에서만 받을 수 있는 건가요?

 지방에는 '향교'라는 국립 학교가 있어서 지방 학생들도 그곳에서 유학을 공부하고 과거 시험을 준비할 수 있죠.
다만 성균관은 단순한 학교가 아니라 나라에 필요한 관리를 길러 내는 조선 최고 교육 기관이에요. 그래서 많은 유생이 성균관 입학을 꿈꾸죠.

조선 시대 대과 경쟁률은 무려 수천 대 일, 그야말로 하늘의 별 따기였습니다. 그 꿈을 이루기 위해 성균관에서 밤낮없이 학문에 매진하는 유생들에게 뜨거운 응원의 박수를 보냅니다. 지금까지 큰별 기자였습니다.

제8호 | 조선 전기

# 성종의 성리학 질서 강화 여성의 삶을 가두다

### 여성 삶에 드리운 성리학의 그림자

"조선과 고려 여성의 삶, 극명하게 달라져"

우리가 흔히 부르는 조선 왕의 이름은 사실 왕이 죽은 뒤에 그의 업적을 평가하여 붙인 '묘호'입니다. 보통 나라의 체제와 문물, 제도를 완성한 왕에게는 '성(成)'이라는 묘호를 붙입니다.

조선 성종은 그 이름에 걸맞게 여러 제도를 완성하며 조선 왕조를 안정적 기반 위에 올려놓은 왕입니다. 우선 『경국대전』을 완성하여 유교 중심으로 통치 질서를 확립했고, 홍문관을 개편하여 언론 기능을 강화했지요. 사림을 적극적으로 등용하여 훈구 세력을 견제했고, 편찬 사업도 활발히 하여 예법과 절차를 담은 『국조오례의』, 각 도의 지리와 풍속 등을 기록한 『동국여지승람』, 고대부터 고려 말까지의 역사를 엮은 『동국통감』, 음악 백과사전인 『악학궤범』 등을 편찬했습니다.

**무엇보다 성종은 성리학적 질서를 조선 사회에 뿌리내리게 한 인물입니다.** 성리학을 통치 이념으로 삼은 조선에서는 유교적 사회 질서를 세우고자 노력했지요. 하지만 조선 초기에는 여전히 고려 시대의 관습과 사회 분위기가 남아 있었습니다.

예를 들면 결혼 후에 남자가 여자 집에서 생활하고, 아들과 딸이 부모의 재산을 똑같이 상속받는 경우도 많았습니다. 부모의 제사를 지내는 여

## 큰별 칼럼

성도 있었지요. 하지만 이런 모습은 성리학과는 맞지 않았습니다.

**성리학에서는 '정통'과 '질서'를 무엇보다 중요하게 여겼습니다. 신하는 왕에게 충성을 다해야 했고, 여성은 남성을 따라야 하는 존재로 여겨졌으며, 조선은 큰 나라 명을 섬기는 것이 당연하다고 생각했지요.** 성종은 이러한 성리학적 질서를 강화하려고 노력했습니다.

이로써 여성의 삶은 점차 억압받기 시작했고, '삼종지도'라는 유교적 규범이 강요되었습니다. 삼종지도는 여자가 결혼하기 전에는 아버지를, 결혼해서는 남편을, 남편이 죽으면 자식을 따라야 한다는 세 가지 도리를 뜻합니다.

이에 따라 남편이 죽은 뒤 재혼하는 여성은 사회적으로 비난받기 시작했습니다. 심지어 성종은 여성의 재혼을 금지하는 법을 만듭니다. 정확히 말하면 재혼한 여성의 자손은 관리로 등용하지 않는 법이었지요. 사실상 여성이 재혼하면 자식의 앞길이 막힌다는 *낙인을 찍어 버리는 셈이었죠. 이 때문에 여성이 재혼하지 않는 것이 당연하게 여겨졌습니다.

**낙인**
다시 씻기 어려운, 불명예스럽고 욕된 평판.

성종의 이러한 성리학적 질서 강화는 여성의 삶을 더욱 옥죄었습니다. 그 대표적인 사례가 바로 '어우동 사건'입니다. 양반 집안에서 태어난 어우동은 태종의 손자 이동과 결혼했지만, 남편이 바람을 피우고 오히려 그에게 억울한 죄를 씌워 집에서 내쫓았습니다. 이후 친정에서도 도움을 받지 못한 어우동은 자유롭게 살며 신분에 상관없이 남성 17명과 만났습니다. 하지만 이 사실이 알려지자 조선 사회는 큰 충격에 빠졌고, 어우동은 '행실이 올바르지 못한 여자'라는 이유로 결국 사형을 당했습니다.

더 놀라운 점은, 어우동과 관계를 맺은 남성 17명은 제대로 된 벌을 받지 않았다는 것입니다. 성종은 이 사건을 통해 여성이 정절을 지키지 않으면 어떤 대가를 치르게 되는지를 사람들에게 보여 주려 한 것입니다.

이런 분위기에서 성종의 어머니 인수 대비는 여성 교육을 위해 『내훈』이라는 책을 남겼습니다. 이 책은 여성이 유교적 덕목을 실천해야 한다고 강조하며, 남편을 하늘처럼 받들고 심지어 남편이 꾸짖거나 때려도 참아야 한다고 가르쳤습니다.

성리학은 시간이 흐를수록 더욱 강화되어 여성의 사회적 역할을 '집 안'으로 한정 지었습니다. 조선 후기에 이르러서는 *가부장적 가족 제도가 확고히 자리 잡게 되었고, 오랫동안 '전통'이란 이름으로 이어졌죠. **성종이 이룩하고자 했던 성리학적 통치가 여성에게는 억압의 굴레가 된 것입니다.** 조선의 체제와 문물이 완성된 이면에는, 여성이 자유와 권리를 점점 잃어 갔다는 사실도 있었음을 함께 기억했으면 좋겠습니다.

---

**가부장적**
남자 어른이 가족에 대하여 절대적인 통솔 권력을 가진 것.

큰별쌤 최태성의 한국사신문  　　　　　　　　　　　　　　　　조선 전기

## 제9호 연산군, 조선의 빛을 가리다

◆ 무오사화　◆ 갑자사화　◆ 운평·흥청

1. 무오사화와 갑자사화, 사림이 큰 화를 입다
2. 홍문관 폐지, 언론 기관을 탄압하다
3. 〈큰별 인터뷰〉 연산군 시대, 신조어 '흥청망청'이 생겨난 이유
4. 〈큰별 칼럼〉 연산군, 사치와 폭정으로 쫓겨난 최악의 임금

제 9 호　조선 전기

# 무오사화와 갑자사화 사림이 큰 화를 입다

### 연산군의 복수, 조정을 뒤흔들다

1504년, 조선 왕실에 또 한 번 피바람이 몰아쳤다. 연산군이 자신의 어머니인 폐비 윤 씨가 사약을 받고 죽은 사실을 알게 되면서, '갑자사화'로 불리는 대대적인 숙청이 벌어진 것이다. 이는 연산군 집권 초기에 발생한 '무오사화'에 이은 두 번째 정치적 탄압으로서 조선 사회에 큰 충격을 안겼다.

앞서 1498년에 일어난 무오사화는 사림을 대표하는 김종직이 쓴 '*조의제문'을 훈구가 세조를 비판한 글이라고 문제 삼으면서 시작되었다. 이 때문에 사림은 탄압당했고,

이후 연산군은 비판에 맞서 왕권 강화를 꾀했다. 그러던 중 자신의 친어머니 윤 씨가 폐위된 뒤 사약을 받아 숨졌다는 사실을 알게 되자, 그 보복으로 이번 갑자사화를 일으킨 것이다.

### 산 자와 죽은 자 모두를 처벌하다

갑자사화는 이전 무오사화보다 훨씬 더 가혹하고 무자비하게 벌어졌다. 폐비 윤 씨의 죽음을 막지 못했다는 이유로 수많은 신하가 처형되었고, 성종의 후궁들까지 숙청 대상에 올랐다. 이미 세상을 떠난 일부 신하의 무덤이 파헤쳐지고, 시신이 한강에 버려지는 일도 있었다.

이번 사건은 연산군이 단순히 어머니의 죽음을 복수하는 데에 그치지 않고, 자신에게 비판적인 신하들을 정리하는 정치적 수단으로 이용했다는 해석도 나오고 있다. 익명을 요구한 한 관리는 "전하께서는 평소 언론 3사의 쓴소리를 몹시 꺼려 하셨다. 이번 일을 계기로 불편한 신하들을 몰아내려고 하신 것 같다."라고 추측했다. 이번 사화로 사림은 물론 훈구까지 피해를 입자, 조정에서는 불안이 확산되고 있다.

*조의제문 조선 성종 때 김종직이 세조의 왕위 찬탈을 빗대어 지은 글.
*원성 원망하는 소리.

★큰별 단신

### 연산군, 금표 확대로 민심 흔들

연산군이 사냥과 군사 훈련을 명분으로 '금표' 구역을 대폭 확대하고 있다. 금표는 왕실 사냥터나 군사 훈련지로, 일반인의 출입을 금지하는 구역을 알리는 비석이다. 연산군은 도성 사방 백 리(약 40 km)에 걸쳐 금표를 설정하고 경기 각지에 비석을 세웠다. 이 과정에서 주민들은 강제로 이주당했으며, 비석에는 "금표 안에 침입하면 사형"이라는 경고가 새겨졌다. 삶의 터전을 빼앗긴 백성들은 "금표는 연산군 폭정의 상징"이라며 *원성을 높이고 있다.

제9호 조선 전기

# 홍문관 폐지
# 언론 기관을 탄압하다

### 핵심 언론 기관, 홍문관 폐지

최근 연산군이 언론 기관인 홍문관을 폐지했다. 홍문관은 성종 때 설치된 정책 자문 및 학문 보좌 기구로서 사간원, 사헌부와 함께 언론 3사라 불리며 왕권을 견제하고 국가 운영의 균형을 유지하는 역할을 맡아 왔다.

이번 폐지 결정은 홍문관 관원들이 왕의 사치와 정치 운영을 비판하는 상소를 올린 일이 직접적인 계기가 된 것으로 알려졌다. 연산군은 "나랏일을 아는 체하며 임금을 가르치려 드는 자들은 차라리 없느니만 못하다."라며, 홍문관 관원들을 내쫓았다.

### 침묵을 강요당한 언론 3사

조정의 한 관리는 "이제 어떤 의견을 말하는 것 자체가 위험한 시대가 됐다."라며, "언론 기능이 마비되고 건강한 비판이 사라졌다."라고 걱정을 드러냈다.

또 다른 관리는 "전하께서는 점점 사냥과 연회에만 몰두하며, 신하들의 말은 듣지 않으려 하신다. 언론이 사라진 조정은 곧 무너질 수밖에 없다."라고 우려했다.

앞서 연산군은 사간원과 사헌부의 기능도 이미 크게 약화시킨 바 있다. 이번 홍문관 폐지로 언론 3사는 사실상 모두 제 기능을 잃게 되었다. 신하들 사이에서는 "아무도 임금님께 바른말을 하지 못한다면, 도대체 누가 나라를 바로잡겠는가."라는 탄식이 퍼지고 있다.

### 연산군, '신언패'로 관리들의 입 막아

연산군이 언론 3사를 탄압한 데 이어 관리들에게 '신언패' 착용을 명령해 논란이 일고 있다. 신언패는 "입은 화를 부르는 문이고, 혀는 몸을 베는 칼이다."라는 문구가 새겨진 나무패로, 연산군은 이를 목에 걸게 해 궁중 관리들의 입을 틀어막았다. 익명을 요구한 한 관리는 "궁궐 안에서 보고 들은 일을 입 밖으로 내뱉으면 죽음을 면치 못할 것이라는 경고가 신언패에 담긴 것 같다. 관리들이 목숨을 잃을까 두려워 모두 입을 굳게 닫고 있다."라고 전했다.

| 제 9 호 | 조선 전기 |

# 연산군 시대, 신조어 '흥청망청'이 생겨난 이유

요즘 조선이 시끄럽습니다. 연산군이 '운평'이라는 이름으로 미모와 재주가 뛰어난 여인들을 전국 각지에서 뽑고 있기 때문입니다. 오늘은 운평으로 선발되어 궁궐에 들어온 *기녀 한 분을 만나 이야기를 들어 보겠습니다.

**큰별**

**안녕하세요, 먼저 자기소개 부탁드립니다.**

**흥청**

운평으로 뽑혀 궁에 들어온 기녀입니다. 흥청으로 선발되어 전하를 모시고 있지요. 이름은 밝히고 싶지 않네요.

큰별 인터뷰

'운평'과 '흥청'이라는 말이 조금 낯섭니다. 각각 어떤 뜻인지 쉽게 설명해 주시겠어요?

전하께서는 전국 각지에서 기녀를 뽑아 '운평'이라 불렀습니다. 운평은 궁중 연회에 동원되어 춤을 추고 노래를 부르며 흥을 북돋는 역할을 했어요. 운평 중에서도 외모가 돋보이고 노래와 춤이 뛰어난 기녀를 뽑아 '흥청'이라고 불렀지요.

그런데 운평 선발 과정에서 강제로 끌려오는 경우도 있다는 이야기가 돌던데요, 사실인가요?

안타깝게도 사실이에요. 전하께서 운평의 수를 늘리라 명령하여 '채홍사'라는 관리가 각 고을을 돌며 여인들을 데려갔어요. 기생, 천민뿐만 아니라 양반집 딸이나 혼인한 여자까지 가리지 않고 억지로 끌고 갔다고 하더라고요.

요즘 백성 사이에서 '흥청망청'이란 표현이 입에 오르내리는데요, 어떻게 생각하시는지요?

전하께서 나랏일은 돌보지 않고 흥청들과 어울려 방탕하게 지내자, 흥청 때문에 나라가 망하게 생겼다는 뜻에서 '흥청망청'이라는 말이 생겨났다고 합니다. 흥청이 왕실의 사치를 상징하는 이름이 되었다니, 참으로 부끄러울 따름입니다.

백성들의 고통을 외면한 채 자신의 즐거움에만 몰두했던 연산군, 결국 그 대가는 폐위라는 비극적인 결말이었습니다. 지금까지 큰별 기자였습니다.

*기녀 노래나 춤 또는 풍류로 흥을 돋우는 것을 직업으로 하는 여자.

# 연산군, 사치와 폭정으로 쫓겨난 최악의 임금

## 왕의 자격을 잃은 자

"진짜 리더란 어떤 존재인지 돌아보다"

조선 시대에는 사치와 폭정을 일삼다 끝내 신하들에 의해 왕위에서 쫓겨난 임금이 있었습니다. 바로 조선의 제10대 임금 연산군입니다. 그는 왕으로서 책임과 품격을 지니지 못한 채 권력을 오직 자신의 욕심을 채우는 데 사용했습니다. 그래서 오늘날까지도 연산군은 조선 역사상 최악의 군주로 평가됩니다.

연산군의 잘못된 통치는 여러 사건에서 드러났습니다. 그 가운데 대표적인 것이 갑자사화입니다. 어머니 폐비 윤 씨가 억울하게 죽었다는 사실을 뒤늦게 알게 된 연산군은 분노에 휩싸였고, 그와 관련이 있다고 의심되는 이들을 무차별적으로 처벌했습니다. 기록에 따르면, 성종의 후궁들을 자루에 가둔 뒤 자식들에게 몽둥이로 때리게 했으며, 심지어 시신을 훼손해 산과 들에 버렸다는 끔찍한 이야기도 전해집니다. 이는 왕의 권력이 사사로운 분노와 복수심에 휘둘릴 때 얼마나 위험한 결과를 가져오는는지를 잘 보여 줍니다.

그의 폭정은 거기에서 멈추지 않았습니다. 신하들이 올린 직언조차 역모로 몰아 잔혹하게 벌했고, 사냥을 즐기겠다며 백성의 집을 강제로 허물라고 명하기도 했습니다. 또 전국에서 노래와 춤에 능한 여인들을 '운평'

큰별 칼럼

이라 부르고, 그중에서 용모와 재능이 뛰어난 이들을 선발해 '흥청'이라 불렀습니다. 연산군은 이들과 향락을 즐겼으며, 여기에서 비롯된 말이 오늘날에도 쓰이는 '흥청망청'이라는 표현입니다.

이 모든 사실은 연산군이 '왕'이라는 자리가 지닌 의미를 제대로 이해하지 못했음을 보여 줍니다. **왕은 단순히 권력을 가진 존재가 아니라, 백성을 돌보고 나라를 안정시켜야 하는 책임을 지닌 자리입니다.** 그러나 연산군은 권력을 오직 자신의 욕망과 분노를 채우는 수단으로 삼았습니다.

**제 9 호**  조선 전기

**반정**
옳지 못한 임금을 폐위하고 새 임금을 세워 나라를 바로잡음.

　결국 백성마저 등을 돌렸고, 그의 폭정을 더는 참을 수 없었던 신하들은 1506년에 중종*반정을 일으켰습니다. 그 결과 연산군은 폐위되어 강화도로 유배되었고, 그곳에서 생을 마감했습니다. 이 사건은 조선 역사에서 큰 의미를 지닙니다. 아무리 왕이라 하더라도 권력을 잘못 쓰면 결국 자리에서 끌려날 수 있다는 사실을 분명히 보여 주었기 때문입니다.

　연산군의 사례는 우리에게 중요한 교훈을 남깁니다. **권력은 한 사람의 욕망을 위한 것이 아니라 모두의 삶을 위해 쓰일 때 가치가 있으며, 다른 의견에도 귀 기울이고 스스로를 끊임없이 돌아볼 때 올바르게 유지 될 수 있다는 사실을 말이죠.**

　연산군의 모습을 통해 과연 어떤 권력이 바람직한지, 그리고 어떤 리더를 세워야 하는지를 고민해 보았으면 좋겠습니다.

큰별쌤 최태성의 한국사신문 　　　　　　　　　　　조선 전기

# 제10호 조선을 뒤흔든 개혁의 바람

◆ 중종반정　◆ 조광조　◆ 기묘사화　◆ 문정 왕후

1. 중종반정, 폭군의 시대가 끝나다
2. 〈큰별 인터뷰〉 조광조의 등장, 개혁은 멈출 수 없다
3. 기묘사화, 조선을 뒤흔든 나뭇잎
4. 〈큰별 칼럼〉 문정 왕후를 어떻게 볼 것인가

제 10 호  조선 전기

# 중종반정
# 폭군의 시대가 끝나다

### 중종반정, 폭정에 맞선 신하들의 결정

1506년, 연산군이 왕위에서 물러났다. 조정의 고위 대신들이 주도한 중종반정이 성공을 거두면서, 연산군의 이복동생 진성 대군이 새 국왕 '중종'으로 즉위한 것이다.

연산군은 재위 중 무오사화와 갑자사화, 두 차례 사화를 일으켜 많은 신하를 숙청했다. 또 연회와 사치, 사냥에 몰두하며 국정을 외면했다. 그 결과 백성의 원망이 커졌고, 조정 안에서도 그의 폭정을 비판하는 목소리가 날로 거세졌다.

## 성희안, 경복궁에서 정변 실행

이번 반정은 성희안, 박원종, 유순정 등 연산군의 정치를 비판해 오던 대신들이 주도한 것으로 알려졌다. 특히 연산군의 잘못을 비판하는 시를 지었다가 *좌천되었던 성희안은 연산군의 폭정을 반드시 끝내야 한다고 판단하여, 함께할 이들을 모아 거사를 준비했다.

1506년 9월 2일 새벽, 경복궁에서 은밀히 시작된 반정은 빠르게 성공을 거두었다. 연산군은 반정군에게 붙잡혀 결국 왕위에서 쫓겨났으며, 곧 강화도로 유배되었다. 왕위는 그의 이복동생인 진성 대군에게 넘어가며, 조선은 새 국왕 중종이 이끌게 되었다.

## 나라를 바로 세우기 위한 선택

반정을 주도한 대신들은 "연산군의 폭정을 끝내고 조선을 다시 올바르게 세우기 위해 진성 대군을 왕위에 올렸다."라며 정권 교체의 명분을 내세웠다. 중종은 즉위 직후 반정 공신들과 함께 무너진 유교적 질서를 바로잡고, 백성의 삶을 안정시키기 위한 정책을 추진하기 시작했다.

연산군의 폐위 소식이 전해지자 백성은 크게 기뻐했다. 한양 거리에서는 사람들이 환호하며 새 국왕의 즉위를 반겼다. 한 백성은 "그동안 임금의 사치와 향락으로 세금이 늘어나 고통이 컸는데, 이제 나라가 제자리를 찾은 것 같다."라며 기대를 전했다.

---

***좌천되다** 낮은 관직이나 지위로 떨어지거나 바깥으로 보내지다.

| 제 10 호 | 조선 전기 |

# 조광조의 등장 개혁은 멈출 수 없다

조선 중종은 반정을 주도한 훈구 세력의 힘이 커지자 이를 견제하기 위해 조광조를 비롯한 사림을 등용했습니다. 조광조는 왕도 정치를 실현하고자 여러 개혁을 주도했죠. 오늘은 조광조 선생님을 모시고, 그가 펼친 개혁 정치에 대해 이야기 나눠 보겠습니다.

**큰별**

**안녕하세요, 조광조 선생님께서는 중종의 두터운 신임을 얻어 다양한 개혁을 이끄셨다고 들었습니다. 소격서 폐지부터 말씀해 주시겠어요?**

**조광조**

네, 소격서 폐지는 당연히 필요한 절차라고 생각했습니다. 소격서는 도교 의례를 담당하던 관청이지요. 하지만 조선은 유교 이념 위에 세운 나라가 아닙니까? 유교의 가르침에 따라 정치를 바르게 이끌려면, 그런 관청이 더는 존재해서는 안 된다고 생각했어요. 그동안 폐지를 주장하는 의견도 있었지만 오랜 전통 때문에 쉽게 없애지 못했지요. 하지만 전하께서도 유교 정치 이념을 따르겠다고 하시며 소격서 폐지에 동의하셨죠.

**유교적 정치 이념을 실현하려고 애쓰셨군요. 소격서 폐지뿐 아니라 새로운 인재 등용 방식을 도입하셨다고요?**

그렇습니다. 저는 '현량과'라는 새로운 인재 등용 제도를 건의했습니다. 학문이 깊고 현명한 인재를 추천받아 관리로 임명하는 방식이지요. 나랏일을 맡으려면 능력도 중요하지만, 무엇보다 올바른 품성을 지닌 사람이 필요하다고 믿었습니다. 또 새로운 인재를 발탁해 훈구 세력을 견제하려는 목적도 있었습니다.

**당시 조정은 훈구가 장악하고 있다고 들었습니다. 그들에 맞서서 개혁하려면 정말 쉽지 않으셨을 것 같습니다.**

맞습니다. 특히 제가 '위훈 삭제'를 주장했을 때 반발이 무척 심했지요. 위훈 삭제란, 거짓 공로를 세운 사람을 공신 명단에서 빼자는 것입니다. 중종반정 때 실제보다 공을 부풀려 공신 명단에 이름을 올린 자들이 적지 않았습니다. 모두 훈구파였지요. 그들은 공신이라는 명분으로 부귀영화를 누렸고, 그 부담은 고스란히 백성에게 돌아갔습니다. 저는 그런 잘못을 더는 두고 볼 수 없었습니다.

조광조는 성리학 이념을 바탕으로 조선 사회에 유교적 질서를 확립하고자 노력했습니다. 비록 훈구의 반발로 '위훈 삭제'는 실패하고 말았지만 시대를 앞서간 개혁가로 평가받고 있습니다. 지금까지 큰별 기자였습니다.

제 10 호　　조선 전기

# 기묘사화
# 조선을 뒤흔든 나뭇잎

### 조광조의 개혁 정치, 결국 반발을 부르다

**1519년, 조광조를 중심으로 개혁을 추진하던 사림 세력이 축출되는 기묘사화가 발생했다.** 이 사건으로 조광조에게는 유배형이 내려졌고, 뜻을 함께하던 인물들도 벼슬에서 쫓겨나거나 귀양을 가게 되었다.

조광조는 조선 중종의 신임을 바탕으로 여러 개혁을 시도해 왔다. 도교 의식을 담당하는 관청인 '소격서'를 없애고, 인재를 추천받아 관리로 임명하는 '현량과'를 시행했으며, 중종반정 당시 거짓으로 공을 세운 자들을 공신 명단에서 지우는 '위훈 삭제' 등을 추진했다.

이러한 조치들은 훈구의 *기득권을 정면으로 위협했고, 특히 위훈 삭제는 훈구의 권력 기반을 흔드는 조치였기에 강한 반발을 불러왔다.

### 나뭇잎에 적힌 수상한 글씨 '주초위왕'

기묘사화는 궁궐 안에 떨어진 나뭇잎 한 장에서 시작되었다. 문제의 나뭇잎에는 '주초위왕(走肖爲王)'이라는 글씨가 새겨 있었는데, 일부 훈구 대신들은 "주(走)와 초(肖)를 합치면 조(趙)가 된다."라며, '조 씨가 왕이 된다'는 뜻이라고 주장했다. 그리고 그 '조 씨'는 다름 아닌 조광조라는 것이었다.

이는 곧 조광조가 반역을 꾀하고 있다는 소문으로 번졌고, 훈구는 연달아 조광조의 탄핵 상소를 올렸다. 결국 중종은 조광조를 비롯한 여러 사림을 관직에서 물러나게 했다. 조광조에게는 조만간 사약이 내려질 것이라는 소문이 돌고 있다.

### 사림을 없애려는 훈구 세력의 음모

하지만 이 사건을 훈구가 조작했다는 의혹도 제기되었다. 일부러 나뭇잎에 꿀로 글씨를 써서 벌레가 갉아 먹게 했다는 것이다. *진상은 끝내 밝혀지지 않았지만 많은 사람이 조광조와 신진 사림을 제거하려는 계략이었다고 의심하고 있다.

**기묘사화로 조광조의 개혁은 중단되었고, 조선의 정치는 다시 훈구 중심으로 돌아갔다.** 과연 조광조가 너무 성급하게 개혁을 밀어붙인 것인지, 아니면 조선의 정치가 성리학적 이상 정치를 받아들일 준비가 안 되었던 것인지, 그 평가는 역사의 몫으로 남게 되었다.

---

*기득권 정당한 절차를 밟아 이미 차지한 권리.
*진상 사물이나 현상의 거짓 없는 모습이나 내용.

| 제 10 호 | 조선 전기 |

# 문정 왕후를 어떻게 볼 것인가

### 비판적인 시각으로 역사 읽기

**"역사를 다양한 시선으로 해석하는 눈을 키워야"**

문정 왕후는 사극의 주인공으로 자주 등장합니다. 어떤 이야기에서는 아들을 무시하고 자신의 친정만 챙기는 권력의 화신으로, 또 어떤 이야기에서는 남성 중심 사회에서 당당히 정치를 이끈 여인으로 그려지기도 하죠. 그렇다면 실제 역사 속 문정 왕후는 어떤 인물일까요?

그는 조선의 제11대 왕 중종의 *계비였습니다. 문정 왕후가 낳은 명종은 중종의 둘째 아들이었고, 중종은 첫째 부인이 낳은 장남 인종에게 왕위를 물려주었죠. 그러나 인종은 즉위한 지 8개월 만에 병으로 세상을 떠났고, 뒤를 이어 명종이 열두 살의 어린 나이로 왕위에 오르게 됩니다. 명종이 너무 어려 문정 왕후가 대신 나랏일을 살피게 되었는데, 이를 '수렴청정'이라고 합니다.

이 시기 문정 왕후는 어린 아들을 돌보는 어머니의 역할을 넘어, 사실상 나라를 움직이는 실권자가 됩니다. 그는 자신의 동생 윤원형을 높은 자리에 앉히며 권력을 강화했고, 곧이어 정치적으로 큰 파장을 일으킨 '을사사화'를 일으켰지요. 이는 문정 왕후와 윤원형이 반대파에게 역모 혐의를 씌워 몰아낸 사건으로, 많은 선비가 희생되는 비극을 낳았습니다.

그로부터 2년 뒤, 서울과 지방을 잇는 교통의 중심지였던 양재역 벽에

**계비**
임금이 다시 혼인을 치러 정식으로 맞은 왕비.

### 큰별 칼럼

익명의 글이 붙습니다.

"여자 군주가 위에서 정치를 하고 *간신배들이 아래서 날뛰니 이 나라가 망할 것이다."

이른바 '양재역 벽서 사건'입니다. 이 글에서 말하는 '여자 군주'는 문정 왕후를, '간신배'는 윤원형 등을 가리키는 것으로 보입니다. 이 사건은 문정 왕후를 향한 백성의 비판 여론이 점점 거세지고 있었음을 보여 줍니다. 실제로 『인종실록』에도 문정 왕후에 대한 부정적 평가가 남아 있습니다.

**간신배**
간사한 신하의 무리.

"윤 씨는 사직의 죄인이다. 『서경』에 이르기를, 암탉이 새벽에 우는 것은 집안이 망할 조짐이라 했으니, 이는 곧 윤 씨를 말함이다."

| 제 10 호 | 조선 전기 |

여기에서 '윤 씨'는 문정 왕후를, '사직'은 나라를 뜻합니다. **당시 그는 조선을 위태롭게 한 죄인으로까지 평가받았어요.** 유교적 가치가 지배하던 사회에서 여성의 정치 참여는 받아들이기 어려운 일이었고, **더구나 불교를 다시 일으키려 했기에 비판의 대상이 되었던 것이지요.**

하지만 문정 왕후의 행적을 부정적으로만 볼 수는 없습니다. 어린 왕이 즉위한 혼란 속에서 나라를 일정 부분 안정시켰고, 남성 중심으로 돌아가는 조정에서 다양한 세력을 상대하며 실질적으로 정치를 이끌었습니다. 성리학이 지배하는 시대에 여성으로서 이런 정치 감각과 지도력을 보였다는 점은 주목할 만합니다.

또 문정 왕후는 유교 사회에서 억압받던 불교를 다시 살리고자 승려 보우를 등용했고, 승과(승려 자격 시험)와 도첩제(승려 허가제)를 부활시키기도 했습니다. 당시에는 비판을 받았지만, 종교의 다양성을 중시하는 오늘날의 시각에서 보면 의미 있는 시도라 할 수 있습니다.

물론 친정 세력에 지나치게 힘을 실어 주고, 정치적 반대파를 숙청한 점은 분명 비판받아야 할 부분입니다. 그러나 문정 왕후를 단순히 '나라를 망친 악녀'로만 바라보는 것은 너무 좁은 시선일지도 모릅니다. 그가 살았던 시대의 환경과 *제약까지 함께 고려해야 공정하게 평가할 수 있습니다.

역사 공부는 단순히 과거의 정답을 외우는 일이 아닙니다. 인물이 어떤 상황에서 어떤 선택을 했는지 살펴보는 과정입니다. 문정 왕후처럼 복잡한 평가가 공존하는 인물을 다시 바라보는 일은 역사를 입체적으로 이해하는 첫걸음이 될 것입니다.

**제약**
조건을 붙여 내용을 제한함.

큰별쌤 최태성의 한국사신문

조선 전기

## 제 11 호 흔들리는 조선 사회

◆ 비변사  ◆ 을묘왜변  ◆ 임꺽정의 난  ◆ 백자와 사군자화  ◆ 신량역천

1. 비변사, 을묘왜변 이후 공식 기구로 승격
2. 〈큰별 인터뷰〉 임꺽정은 도적인가, 의적인가?
3. 〈큰별 광고〉 백자와 사군자화, 선비의 정신을 만나다
4. 〈큰별 인터뷰〉 조선의 숨은 일꾼, 신량역천의 목소리를 듣다
5. 〈큰별 칼럼〉 무거운 세금이 불러온 임꺽정의 난

제 11 호 | 조선 전기

# 비변사, 을묘왜변 이후 공식 기구로 승격

### 비변사, *상설 기구로 전환되다

1554년, 조선 조정이 비변사를 군사와 국방을 전담하는 상설 기구로 승격했다.

비변사는 '변방의 사태에 대비한다'는 뜻으로, 원래는 외적의 침입에 대응하기 위해 일정한 기간에만 설치한 기구였다. 그러나 을묘왜변을 겪으며 조정에서는 임시적으로 운영해서는 국방을 책임질 수 없다는 결론을 내렸고, 이에 따라 비변사를 상설 기구로 전환한 것이다.

## 삼포왜란 이후 처음 실시된 비변사

비변사가 처음 설치된 것은 1510년 삼포왜란 때였다. 조선과 일본의 갈등은 고려 말부터 이어져 온 문제였다. 세종 때 대마도를 정벌하며 강경책을 쓰기도 했지만, 이후 부산포와 제포, 염포 등 세 곳을 열어 제한적으로 무역을 허용했다. 그러나 조선 정부가 점차 교역량을 제한하고 단속을 강화하자 삼포에서 활동하던 일본인들이 불만을 품고 삼포왜란을 일으켰고, 이에 대응하는 임시 기구로 비변사가 설치되었다.

## 다시 닥친 위기, 비변사의 필요성을 깨닫다

그러나 1555년 을묘왜변이 일어나면서 상황은 달라졌다. 일본 함선 70여 척이 전라도 해안에 상륙해 마을을 불태우고 백성을 공격하는 사건이 벌어진 것이다. 해당 지역 관찰사는 "성벽이 낮은 읍성은 *속수무책으로 무너졌고, 포구마다 피란민이 넘쳐 났다."라고 보고했다. 조정에서 군사를 급히 파견해 적을 물리쳤으나 피해는 매우 컸다.

이 사건을 계기로 명종은 "변방의 위기를 상시 감시하고 대응할 체계를 갖추라."라는 명을 내려, 비변사를 언제든 소집할 수 있는 상설 기구로 승격시켰다. 이로써 비변사는 군사와 국방 업무를 전담하는 국가 안보 기구로 자리 잡게 되었다.

비변사를 상설화함으로써 조선 정부는 변방의 위기를 임시로 대응하던 기존 방식에서 벗어나, 국가의 안전을 더욱 신속하고 체계적으로 관리하겠다는 강력한 의지를 드러내고 있다.

---

***상설** 언제든지 이용할 수 있도록 설치함.
***속수무책** 손을 묶은 것처럼 어찌할 도리가 없이 꼼짝을 못 함.

제 11 호    조선 전기

# 임꺽정은 도적인가, *의적인가?

지금 저는 조선 사회를 떠들썩하게 만든 도적 임꺽정의 은신처에 와 있습니다. 그는 왜 도적이 되었는지, 직접 만나 이야기를 들어 보겠습니다.

**큰별**: 임꺽정 님, 원래부터 도적이 되기로 꿈꾸신 건 아니었을 텐데, 어쩌다 이 길로 들어서게 되셨나요?

**임꺽정**: 그야, 먹고살기가 힘들어서 그렇지. 몇 해째 흉년이 들고, 외척들이 조정을 장악하면서 관리들의 탐욕은 끝이 없었어. '도적이 아니고서야 어떻게 살아남겠느냐'는 말이 돌 정도였지. 나도 굶어 죽을까 봐 도적질을 시작한 거야.

큰별 인터뷰

**임꺽정 님에 대해서는 여러 소문이 있습니다. 어떤 이는 백성을 돕는 의로운 인물이라고 하고, 또 어떤 이는 잔인하게 사람을 죽이는 악당이라고 말합니다.**

나를 따르는 사람이 늘어나면서 세력이 점점 커졌어. 도적질을 할 때 나를 숨겨 준 이들에게는 곡식을 나눠 주었지. 하지만 나를 고발한 이들은 가차 없이 목숨을 빼앗았어. 그래서 내 평가는 크게 갈릴 수밖에 없는 거야. 확실한 건 백성들은 나라에 대한 원망과 미움이 너무 커서, 내가 못된 짓을 해도 오히려 나에게 마음을 열었다는 사실이야.

**들리는 말로는 관군의 추격을 벌써 3년째 따돌리고 있다던데, 비결이 뭡니까?**

힘만으로는 안 되지. 머리를 잘 써야 해. 예를 들어 신발을 거꾸로 신어서 발자국을 반대로 남긴다든가 하는 꾀가 필요하다고. 또 어떤 때는 백성이 '관군이 온다!' 하고 먼저 알려 주기도 해. 그 덕분에 미리 빠져나가니 현상금만 점점 불어나고 있지!

**앞으로는 어떤 계획이 있으신가요?**

글쎄, 잡히기 전까지는 계속 도망 다닐 생각이야. 그런데 요즘은 현상금에 눈이 먼 관리들이 엉뚱한 백성을 붙잡아 간다지. 억울하게 피해를 보는 백성이 늘어날수록 사람들은 관리를 더 미워하고, 오히려 나를 응원하게 된다는 걸 왜 모를까?

남의 재산을 훔치고 수많은 사람을 해친 인물이지만, 백성들은 나라보다 임꺽정에게 더 많은 지지를 보내고 있습니다. 이 시대의 진짜 도적이 누구인지, 그 물음은 점점 깊어지고 있습니다. 지금까지 큰별 기자였습니다.

*__의적__ 탐관오리의 재물을 훔쳐다가 가난한 사람을 도와주는 의로운 도적.

큰별 광고

# 백자와 사군자화
# 선비의 정신을 만나다

## 특별 전시

절제된 미, 맑고 단정한 아름다움!
양반의 교양과 품격을 보여 주는 **백자**와 **사군자화**를
직접 확인하세요.

- 날짜 : 10월 초하루
- 장소 : 안동 권씨 고택

# 알아 두면 더 재미있는 감상 포인트

### 🟠 백자

- 단정한 아름다움을 담은 백자는 지배층 사이에서 값진 선물로 인기!

- 조정에서는 그간 백자의 재료인 백토가 부족하다는 이유로 생산을 제한했으나, 이런 희소성이 백자의 가치를 더욱 높여 주고 있다는 사실!

백자 상감 나무무늬 병
(국립 중앙 박물관)

백자 청화 매죽문 항아리
(한국학중앙연구원)

### 🟢 사군자화

- 선비들 사이에서 매화, 난초, 국화, 대나무로 구성된 사군자를 그리는 것이 또 다른 유행!

- 매화는 혹독한 추위 속에서 피어나는 절개,
  난초는 은은한 향기처럼 드러나지 않는 겸손함,
  국화는 늦가을에도 꺾이지 않는 인내,
  대나무는 사시사철 푸른 잎과 곧은 줄기로
  흔들림 없는 지조를 의미!

이정이 그린 것으로 전해지는 〈묵죽도〉
(국립 중앙 박물관)

| 제 11 호 | 조선 전기 |

# 조선의 숨은 일꾼 신량역천의 목소리를 듣다

조선 시대에는 신분이 양인과 천민으로 나뉘었습니다. 그런데 양인이면서도 맡은 직업 때문에 천민처럼 취급받던 사람들이 있는데, 이들을 '신량역천(身良役賤)'이라고 불렀습니다. 오늘은 신량역천의 대표 직업인 봉수군과 수군 두 분을 모시고 이야기를 나눠 보겠습니다.

**안녕하세요, 어떤 일을 하시는지 간단하게 소개 부탁드립니다.**

저는 나라에 급한 일이 생기면 곧바로 봉화를 올려서 신호를 전달하는 봉수군입니다. 봉수대는 전국에 쭉 이어져 있는데, 빠르게 정보를 전달하는 것이 가장 중요하죠. 신호를 한 번이라도 잘못 보내면 나라 전체가 혼란에 빠질 수도 있어서 매일매일이 긴장의 연속입니다.

큰별 인터뷰

 저는 수군인데 바다에서 노를 젓기도 하고, 배를 만드는 일도 합니다. 주로 바다에서 움직이다 보니 하루하루가 정말 힘든 노동이에요. 워낙 몸을 많이 써야 해서 힘든 건 말 안 해도 아시겠죠? 그래도 나라를 지키는 일이라는 자부심은 확실히 있어요.

 **두 분 모두 꼭 필요한 일을 해 주고 계시는군요. 신량역천에는 또 어떤 직업이 있나요?**

 음, 철을 다루는 '철간', 소금을 만드는 '염간', 나룻배를 모는 '진척' 같은 직업도 있어요. 누구나 기피하는 매우 고된 일을 한다는 공통점이 있죠. 모두 나라에 꼭 필요한 일인데, 하는 일이 힘들다고 해서 왜 천하게 생각하는지 모르겠어요.

 맞아요. 거의 천민 같은 대우를 받고 있어요. 원래 양인이라면 과거 시험도 볼 수 있잖아요? 그런데 저희는 아예 과거를 볼 자격조차 없어요. 무엇보다 문제는, 저희 직업이 천하게 여겨지다 보니 대부분 자식에게 그대로 물려줄 수밖에 없다는 거예요. 결국 천한 신분이 자식에게 계속 이어질 수밖에 없는 거죠.

신량역천은 천한 일꾼이라며 차별받고 무시당했지만, 그들의 땀방울이야말로 조선 사회를 빈틈없이 움직이게 한 숨은 힘이었습니다. 지금까지 큰별 기자였습니다.

제 11 호 　 조선 전기

# 무거운 세금이 불러온 임꺽정의 난

### 조선을 뒤흔든 도적

**"백성의 분노를 대신해서 일어나다"**

조선 명종 때에 나라를 뒤흔든 사건이 일어납니다. 그 중심에는 백정 출신 인물, 임꺽정이 있었지요. 백정은 조선 시대에 천한 일을 하던 사람으로, 신분이 낮다고 여겨졌습니다. 그의 이름을 한자로 풀면 '임거정'이라고 쓰는데, 어려서부터 걱정을 많이 끼쳐 그런 이름이 붙었다는 이야기도 전해집니다. 하지만 그의 이름처럼, 그가 살아간 시대는 근심과 혼란으로 가득했습니다.

『명종실록』에 따르면 임꺽정은 1559년, 황해도 일대에서 큰 도적 무리를 이끄는 우두머리로 등장합니다. 하지만 단순한 도적이 아니라, 당시 조선 사회의 구조에 저항한 민중의 상징으로 여겨지고 있지요.

임꺽정이 활동하던 시대, 조선의 실권은 어린 명종 대신 문정 왕후가 쥐고 있었습니다. 그는 왕실 재산을 관리하는 관청인 내수사의 책임자로 환관 박한종을 임명했습니다. 박한종은 내수사의 권한을 강화하면서 백성의 땅을 빼앗아 재산을 늘려 갔습니다.

이보다 더 큰 문제는 공납을 대신한 방납의 \*폐단이었습니다. 공납은 각 지역의 특산물을 세금으로 바치는 제도인데, 원래는 고을 수령이 거두어 나라에 바치는 것이 원칙이었습니다. 하지만 특산물을 마련하기 어려

**폐단**
어떤 일에서 나타나는 옳지 못한 경향이나 해로운 현상.

큰별 칼럼

운 백성은 방납 업자에게 의지할 수밖에 없었고, 이들은 관리와 결탁하여 값을 부풀려 엄청난 이익을 챙겼습니다. 이러한 부패가 심해지면서 백성의 삶은 점점 더 큰 고통 속으로 빠져들었습니다.

임꺽정은 황해도 봉산 지역에서 백정으로 살며 생계를 이어 갔습니다. 그 지역은 대부분 척박한 갯벌이었고, 그는 갈대로 삿갓이나 그릇을 만들어 팔며 하루하루를 버텼습니다. 그러던 중 간척 사업과 함께 시작된 토지 수탈이 문제가 되었지요. 당시 명종의 외삼촌 윤원형이 대대적으로 *간척지를 개발하고 있었는데, 그는 간척 사업에 백성을 강제로 동원했습니다. 그러나 간척한 땅의 소유권은 백성이 아닌 권세가들이 차지해 버렸습니다. 이처럼 부패한 권세가들은 앞다투어 백성의 땅을 빼앗았고, 땅을 잃은 백성을 노비로 만들어 다시 자신의 땅을 일구게 했습니다.

**결국 임꺽정과 같은 하층민은 갈 곳을 잃고 떠돌이가 되거나 도적이 될**

**간척지**
바다나 호수를 둘러 막고 물을 빼내어 만든 땅.

**수밖에 없는 상황에 내몰렸지요.** 이처럼 억눌린 사람들이 하나둘 임꺽정의 무리에 모이며, 이른바 '임꺽정의 난'이 시작되었습니다.

임꺽정은 권세가나 관아의 재산을 훔치고 이를 백성에게 나누어 주기도 했어요. 점차 그의 무리는 황해도를 넘어 평안도, 강원도, 경기도, 심지어 수도인 한성까지 나타났지요. 임꺽정의 갑작스러운 기습에 관군은 속수무책으로 당하곤 했습니다.

조정에서는 모든 황해도 관리를 무관으로 바꾸고, 포상금을 내걸며 대대적인 토벌 작전에 나섰지요. 그러나 임꺽정은 하층민의 폭넓은 지지를 받으며 토벌군이 올 때마다 백성의 도움으로 위기를 넘겼습니다.

임꺽정은 민가를 약탈하고, 자신을 고발한 사람을 죽이는 등 잔혹한 일을 저지르기도 했습니다. 하지만 백성들은 탐관오리의 재물을 빼앗고, 관리들을 골탕 먹이는 임꺽정을 보며 속으로 대리 만족을 느꼈지요.

조선을 혼란에 빠뜨린 도적 임꺽정은 결국 관군에게 붙잡혀 처형됩니다. 임꺽정의 행동은 결코 정당화될 수 없지만, 당시 부패한 지배층 때문에 오히려 사람들은 그를 의적으로 기억하게 되었습니다.

『명종실록』에는 임꺽정의 난을 두고 이렇게 기록했습니다.

"나라가 바르게 다스려지지 못하고, 높은 관리가 욕심을 부리며 고을 수령이 백성을 괴롭히니, 백성은 살길이 막혀 도둑이 될 수밖에 없었다. 그러니 그들의 잘못이 아니라 나라의 잘못이다."

**결국 진짜 문제는 도적 그 자체가 아니라, 도적이 생겨날 수밖에 없었던 세상이라는 점을 당시에도 분명히 알고 있었던 것입니다.**

큰별쌤 최태성의 한국사신문 　　　　　　　　　　조선 전기

# 제12호 붕당 정치가 시작되다

◆ 소수 서원　◆ 동인과 서인　◆ 이황과 이이　◆ 향약　◆ 신사임당

1. 백운동 서원의 새 이름, 소수 서원
2. 동인 VS 서인, '붕당 정치' 본격 시작
3. 〈큰별 인터뷰〉 조선의 대학자, 이황과 이이를 만나다
4. 사림, 지방 사회에서 향약으로 영향력 강화
5. 〈큰별 칼럼〉 신사임당, 현모양처의 상징을 넘어

제 12 호　조선 전기

# 백운동 서원의 새 이름
# 소수 서원

### 백운동 서원, 소수 서원으로 거듭나다

1550년, 경상도 풍기군에 위치한 '백운동 서원'이 새로운 전환점을 맞았다. **조선 명종이 '소수 서원'이라는 이름을 하사하면서 조선 최초의 사액 서원이 된 것이다.** '사액(賜額)'은 임금이 직접 서원의 이름이 적힌 현판을 내리는 것을 말한다. 이번 사액으로 소수 서원은 토지, 노비, 서적 등 국가의 공식적 지원을 받게 되었다.

### 서원, 지방 교육의 중심으로 발전 예상

소수 서원의 시작은 1543년으로 거슬러 올라간다. 당시 풍기 군수 주세붕이 고려 말 학자 안향을 기리기 위해 세운 것이 바로 백운동 서원이다. 안향은 중국에서 성리학을 들여온 인물로 알려져 있으며, 주세붕은 그의 학문적 뜻을 이어 서원을 세운 것이다.

서원은 덕망 높은 유학자를 제사 지내고 그 학문을 기리는 동시에 성리학을 연구하고 후학을 길러 내는 사립 교육 기관이다.

1548년 풍기 군수로 부임한 퇴계 이황은 서원의 가치를 널리 알리고 교육적 기능을 강화하고자 백운동 서원에 현판을 내려 줄 것을 조정에 건의한 것으로 알려졌다.

예조의 한 관리는 "앞으로 나라에서도 서원 설립을 장려하고, 주요 서원은 사액 서원으로 지정해 토지와 서적 등 다양한 지원을 아끼지 않을 것"이라고 밝혔다.

이번 조치를 계기로 지방 곳곳에서 서원 설립이 더욱 활기를 띨 것으로 보인다.

제 12 호 　조선 전기

# 동인 VS 서인
# '붕당 정치' 본격 시작

### 조선 조정이 두 갈래로 나뉘다

사림이 동인과 서인으로 갈라지며 본격적인 붕당 정치가 시작되었다. '붕당(朋黨)'은 벗을 뜻하는 '붕(朋)'과 무리를 뜻하는 '당(黨)'이 합쳐진 말로, 뜻이 같은 사람들이 모인 집단을 뜻한다.

김효원을 따르는 무리는 동인, 심의겸을 따르는 무리는 서인이라 불렸는데, 이는 김효원의 집이 한양 동쪽에, 심의겸의 집이 서쪽에 있었던 데서 비롯된 것이다.

사림은 여러 차례 사화로 큰 피해를 입었으나, 지방에서 서원과 *향약을 통해 세력을 다져 왔다. 그 결과 선조 때 다시 중앙 정치를 주도할 수 있었다.

그러나 훈구 세력의 정치 참여 문제를 두고 사림 내부에서 갈등이 있었다. 명종 때부터 정권에 참여해 온 기성 사림은 훈구 세력을 몰아내는 데 소극적이었고, 새롭게 중앙에 진출한 신진 사림은 더욱 적극적으로 개혁을 주장했다.

### 이조 전랑 자리를 둘러싼 다툼

이런 갈등은 이조 전랑 임명 문제로 더욱 심해졌다. 이조 전랑은 언론 3사 관리를 심사하고 추천할 수 있을 뿐만 아니라 자신의 후임자를 임금에게 추천할 수 있는 권한을 가진 관직이었다.

그런데 김효원이 이조 전랑 후보로 거론되자, 심의겸은 그가 명종의 외삼촌 윤원형과 가까웠다는 이유로 반대했다. 이어 심의겸의 동생 심충겸이 장원 급제로 이조 전랑에 추천되었으나, 이번에는 김효원이 반대하고 나섰다. 심의겸이 왕실의 외척이라는 이유에서다. 이 과정을 거치며 사림은 김효원을 따르는 동인과 심의겸을 지지하는 서인으로 분열되어 붕당을 이루게 되었다.

비록 동인과 서인은 서로 다른 정치적 견해를 나타내고 있지만 아직까지는 상대의 학문적 뜻을 존중하며 비판과 견제를 이어 가는 모습이다.

동인과 서인의 붕당을 계기로 앞으로 조선 정치가 어떤 방향으로 전개될지 관심이 모이고 있다.

---

***향약** 착한 일을 권장하고 악한 일을 징계하며 서로 도울 목적으로 만든, 시골 마을의 자치 규약.

조선 전기

# 조선의 대학자 이황과 이이를 만나다

조선 최고의 유학자를 꼽자면, 단연 퇴계 이황과 율곡 이이를 떠올리게 됩니다. 오늘은 성리학의 발전을 이끈 두 선생님을 모시고 이야기 나눠 보겠습니다.

**큰별**: 조선의 성리학을 말할 때 이황 선생님을 빼놓고 말할 수 없죠. 성리학을 연구하실 때 무엇을 가장 중요하게 생각하셨나요?

**이황**: 저는 주자의 가르침을 조선의 현실에 맞게 발전시키고자 애썼습니다. 공부와 수양을 통해 마음을 바르게 다스리고, 도덕적 실천을 무엇보다 중요하게 여겼습니다. 또 언제나 겸손한 자세로 학문에 힘썼죠. 나이가 어리더라

# 큰별 인터뷰

도 배울 점이 있다고 생각해, 저보다 스물여섯 살이나 어린 학자 기대승과 도 오래도록 편지를 주고받으며 학문을 토론했습니다. 하지만 과거 시험에서 무려 아홉 번이나 장원 급제하여 '9도 장원공'이라 불린 율곡이 더 대단하다고 생각합니다.

**한 번도 어려운 장원 급제를 아홉 번이나 하시다니요! 이이 선생님은 성리학을 통해 어떤 걸 이루고 싶으셨나요?**

하하, 이황 선생님처럼 위대한 분께 그런 말씀을 듣다니 몸 둘 바를 모르겠습니다. 저는 성리학이 그저 책 속의 이론으로만 남게 하고 싶지 않았습니다. 학문이 백성의 삶을 이롭게 하지 못한다면 무슨 소용이겠습니까. 그래서 세금 제도와 같이 현실적인 개혁을 깊이 고민했습니다.

**두 분 모두 멋집니다. 나라를 위해 선조 임금님께 책도 올리셨다면서요?**

맞습니다. 1568년, 선조께서 막 왕위에 오르셨을 무렵에 『성학십도』라는 책을 올렸어요. 군왕이 덕을 갖춘 성군이 되는 길을 열 가지 그림으로 설명한 책입니다. 올바른 길을 가시길 바라는 마음을 담았지요.

저는 『성학집요』라는 책을 올렸습니다. 성군의 덕목을 아주 간결하게 정리한 책이에요. 사실 그동안 조선을 바로 세우도록 여러 개혁안을 제안했는데, 받아들여지지는 않았죠. 그래도 포기할 수 없었어요. 그래서 선조께 꼭 바른 정치를 해 주십사 하고 책을 드린 겁니다.

이황은 도덕적 이상을, 이이는 현실 개혁을 중시했지만 두 사람 모두 성리학을 바탕으로 조선을 바르게 이끌고자 노력한 인물이었습니다. 지금까지 큰별 기자였습니다.

| 제 12 호 | 조선 전기 |

# 사림, 지방 사회에서 향약으로 영향력 강화

### 사림, 향약 바탕으로 향촌 사회 장악

사림이 다시 중앙 정치를 장악하게 된 배경으로 '향약'이 주목받고 있다. **향약은 유교의 가르침을 바탕으로 마을 사람들이 함께 지켜야 할 규칙을 정해, 서로 돕고 바르게 살아가도록 한 \*자치 규범이다.**

향약은 본래 중국에서 전해졌으나, 조선에서는 중종 때 조광조가 처음 도입한 것으로 알려져 있다. 이후 퇴계 이황과 율곡 이이 같은 학자들이 조선 현실에 맞게 내용을 고쳐 시행하면서 전국으로 확산되었다.

## 향약의 네 가지 덕목

향약의 네 가지 기본 정신은 다음과 같다.

덕업상권(德業相勸): 착한 일을 서로 권장한다.
과실상규(過失相規): 잘못은 서로 고쳐 준다.
예속상교(禮俗相交): 예의를 지키며 화목하게 지낸다.
환난상휼(患難相恤): 어려움이 생기면 서로 돕는다.

사림은 이 원칙을 바탕으로 고을마다 규칙을 마련해, 잘 지킨 사람에게는 상을 주고, 어긴 사람에게는 벌을 내리는 방식으로 향촌의 질서를 유지했다. 그 결과, 농민들은 자연스럽게 유교적 생활 규범에 익숙해졌고, 사림은 향촌 사회에서 더욱 큰 영향력을 갖게 되었다.

지방에 살고 있는 한 농민은 "향약이 자리를 잡아 가면서 백성들은 수령보다 향약을 어기면 벌을 내리는 사림을 더 두려워하게 되었습니다."라고 전했다.

이처럼 사림은 지방 교육 기관인 서원을 통해 성리학을 보급하고, 향약을 통해 마을을 다스리며 기반을 강화했다. 이는 곧 중앙 정치로 다시 나아갈 발판이 되었다.

향촌 사회와 중앙 권력을 동시에 장악한 사림이 앞으로 조선 사회를 어떻게 이끌어 갈지 관심이 모아지고 있다.

*자치 자기 일을 스스로 다스림.

제 12 호   조선 전기

# 신사임당, 현모양처의 상징을 넘어

### 자신만의 삶을 꾸준히 이어 간 신사임당의 정신

**"진짜 신사임당을 만나다"**

> **초상**
> 사진, 그림 따위에 나타낸 사람의 얼굴이나 모습.

지금의 5만 원권 지폐에는 '현모양처'로 널리 알려진 신사임당의 *초상이 담겨 있습니다. 현모양처란 어진 어머니이자 착한 아내를 뜻하는 말로, 오랫동안 신사임당은 그 상징으로 기억되어 왔습니다. 그러나 그의 삶을 조금만 들여다보면, 그 이면에 또 다른 모습이 드러납니다. 그렇다면 진짜 신사임당은 어떤 사람이었을까요?

어린 시절 신사임당은 글과 그림에 뛰어난 재능을 보였습니다. 부모는 그의 재능을 적극적으로 지원했고, 외할아버지는 당대 최고 화가 안견의 작품을 구해 주어 예술적 안목을 넓혀 주었습니다. 그 덕분에 신사임당은 자유롭게 실력을 키울 수 있었습니다.

그러나 결혼 후 상황은 달라졌습니다. 남편 이원수는 과거 시험에 잇따라 낙방했고, 뒤늦게 관직에 올랐지만 가정에는 소홀했습니다. 심지어 주막에 드나들며 다른 여성과 정을 나누기도 했지요. 이런 문제로 부부 사이는 원만하지 못했으며, 이는 아들 율곡 이이의 기록에서도 확인됩니다. 신사임당은 아이들에게 해가 될까 염려해 남편에게 재혼하지 말라는 유언을 남겼지만, 그는 신사임당의 장례가 끝나기도 전에 재혼했습니다.

이처럼 무능한 남편 대신 신사임당은 자녀 교육과 살림, 생계까지 책임

큰별 칼럼

져야 했습니다. 더욱이 성리학이 지배하던 조선 사회에서 여성이 예술적 재능을 마음껏 펼치기란 쉽지 않았습니다.

**그는 그런 힘든 생활 속에서도 시를 짓고 그림을 그리며 예술 활동을 이어 갔습니다. 사회적 제약에도 굴하지 않고, 자신이 진정 원하는 일을 놓지 않았던 것이지요.** 당시 선비들 사이에서 신사임당은 산수화를 잘 그리는 화가로 인정받았고, 풀벌레, 꽃, 열매를 그린 초충도에서도 뛰어난 솜씨를 보였지요. 율곡이 남긴 글에도 '어머니가 특히 산수화와 포도 그림에 능해 누구도 따라올 수 없었다'는 기록이 남아 있습니다.

145

이렇듯 신사임당은 뛰어난 예술가이자 대학자 율곡 이이를 길러 낸 어머니로 함께 기억됩니다. **여성으로서 능력을 펼치기 쉽지 않았던 사회에서, 일곱 자녀와 가정을 책임져야 했음에도 결코 자신의 꿈을 놓지 않았기 때문입니다. 이것이야말로 우리가 신사임당을 기억해야 하는 진짜 이유일 것입니다.**

지금 이 순간, 우리도 신사임당처럼 선택할 수 있습니다. 여건이 어렵고, 시간이 부족하며, 응원해 주는 이가 없어도 '그래서 하지 않는다'가 아니라 '그래도 해 보자'는 마음을 품는 것. 그 작은 다짐과 반복이 쌓인다면, 어느 날 우리도 원하던 삶에 한 발짝 다가선 자신을 발견하게 될 것입니다.

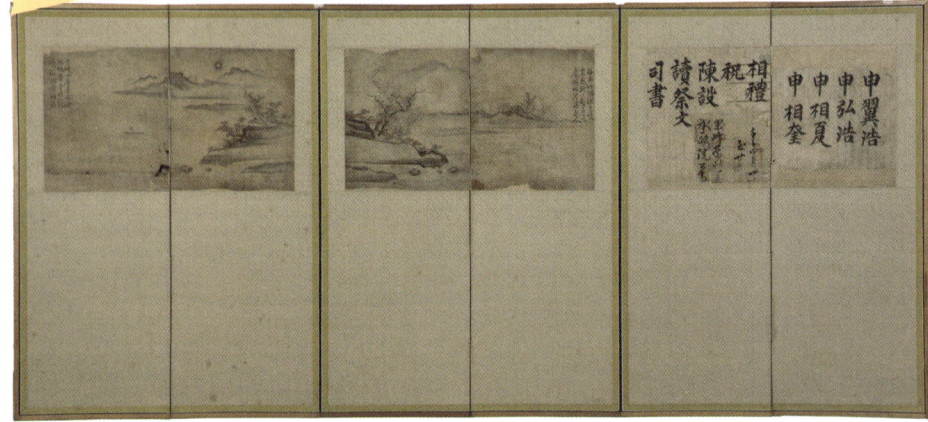

신사임당이 그린 것으로 전해지는
〈이곡산수병〉 (국립 중앙 박물관)

큰별쌤 최태성의 한국사신문                    조선 전기

## 제13호 임진왜란이 일어나다

◆ 임진왜란   ◆ 이순신, 한산도 대첩   ◆ 의병(곽재우, 고경명)   ◆ 류성룡,『징비록』

[1] 임진왜란 발발, 백성 버리고 피란길 오른 선조
[2] 이순신, 한산도 앞바다에서 대승
[3] 〈큰별 인터뷰〉 나라를 구한 백성들, 의병이 떴다
[4] 〈큰별 칼럼〉 승리의 기쁨보다 반성을 기록한 류성룡

제 13 호 　 조선 전기

# 임진왜란 발발
## 백성 버리고 피란길 오른 선조

### 임진왜란 발발, 일본군이 쳐들어오다

1592년 4월 13일, 일본군이 부산에 상륙하며 조선 전역에 전쟁의 불길이 번지기 시작했다. **일본을 통일한 도요토미 히데요시가 '명나라로 가는 길을 빌려 달라'는 명분을 내세우며 조선을 침략한 것이다.**

일본군은 상륙 직후 부산진을 단숨에 점령했고, 곧이어 동래성으로 진격했다. 조선군은 동래성에서 완강히 맞섰지만, 조총을 사용하는 일본군의 공격에 성은 끝내 함락

됐다. 뒤이어 충주 탄금대 전투에서도 신립이 전력을 기울이며 저항했으나, 일본군의 화력 앞에 큰 피해를 입고 *퇴각했다.

전쟁이 시작된 지 불과 보름 만에 일본군이 수도 한양을 위협하자, 결국 조선 선조는 한양을 버리고 의주로 피란길에 올랐다. 이 소식이 전해지자 백성 사이에서는 "임금이 백성을 버렸다."라는 원망과 함께 불안이 확산되고 있다.

### 왕세자 광해군, 민심을 수습하다

**선조는 피란 직전에 광해군을 왕세자로 책봉했다.** 이는 국가적 위기 상황에서 국정을 유지하려는 조처였다. 그리고 곧이어 '분조'를 설치하여 국정 운영을 나누어 맡겼다. 분조란 전쟁과 같은 위기 상황이 발생했을 때, 왕이 있는 조정과는 별도로 왕세자가 직접 다스리는 또 하나의 조정을 말한다.

이에 광해군은 분조를 이끌며 백성의 동요를 막고자 지방을 돌며 민심을 살피고, 각지에 흩어진 군사를 다시 모아 훈련시키고 있다. 특히 자발적으로 조직된 의병 활동을 적극 지원하며 방어선을 재정비하고 있다.

한편, 선조는 의주로 피란한 뒤 명에 지원군을 요청한 것으로 알려졌다. 한 외교 전문가는 "조선이 명을 오랜 기간 큰 나라로 섬기며 사대 외교를 이어 온 만큼, 명이 조선의 요청을 받아들여 지원군을 보낼 가능성이 크다."라고 전했다.

그러나 백성의 마음은 여전히 불안하다. 일본군의 기세가 꺾이지 않는 가운데, 과연 조선 정부가 일본의 침략이라는 국가적 위기를 어떻게 극복해 나갈지 온 나라가 숨죽이며 지켜보고 있다.

---

***퇴각하다** 뒤로 물러가다.

| 제 13 호 | 조선 전기 |

# 이순신
# 한산도 앞바다에서 대승

### 조선 수군, 한산도 대첩에서 큰 승리

**1592년, 조선 수군이 한산도 앞바다에서 일본 수군을 크게 물리쳤다.** 육지에서 잇따른 패배로 사기가 떨어져 있던 백성에게 이번 승리는 커다란 희망이 되고 있다.

조선 수군은 옥포 해전에서 첫 승리를 거둔 뒤 함포, 적진포, 사천 등지에서 연이어 승리를 거두었다. 이에 위기감을 느낀 일본군은 병력을 대거 늘려 거제도 일대로 진출했다. 이러한 움직임이 파악되자 **조선 수군은 한산도의 넓은 바다로 적을 유인한 뒤,**

학이 날개를 펼친 모양으로 적을 양쪽에서 감싸 포위하는 '학익진' 전술을 구사해 일본군을 완전히 제압했다.

### 승리의 주역, 이순신

이번 승리의 중심에는 이순신이 있었다. 그는 1591년 전라좌수사에 임명되자마자 일본이 침략할 것을 내다보고 수군을 재정비했다. 군사를 훈련시키고 거북선과 판옥선을 준비했으며, 조선과 일본 무기의 장단점을 비교하고 해안 지형을 익히며 치밀한 전략을 마련했다. 이러한 철저한 대비가 조선 수군의 승리를 이끌어 낸 것이다.

### 전세를 바꾼 조선 수군

한산도 대첩 이후 조선 수군은 서남해를 장악하여, 곡식이 풍부한 충청도와 전라도 지역을 지켜 낼 수 있었다. 반면 일본군은 바다를 통한 무기와 식량 보급이 차단되어 큰 어려움에 빠졌다. 이번 승리를 계기로 그동안 조선에 불리하게 흘러가던 전쟁의 흐름도 크게 달라질 것으로 보인다.

★ 큰별 단신

### 조선 수군, 거북선과 판옥선 앞세워 일본 수군 격파

일본과의 해전에서 조선 수군의 거북선과 판옥선이 활약하고 있다. 거북선은 배 위를 널빤지로 덮고 그 위에 쇠못을 박아 적이 올라타지 못하게 만든 독창적인 구조이다. 배 안에 있는 병사들은 적에게 드러나지 않고 안전하게 대포를 쏘며 적진으로 돌격할 수 있다. 한편 판옥선은 2층 구조 대형 전투선이라서 많은 병력을 실을 수 있고, 특히 높은 갑판에서 화포를 쏘아 일본 수군을 제압하는 데 탁월하다. 조선 수군은 거북선의 돌격력과 판옥선의 화포 공격을 앞세워 일본 수군을 연이어 무찌르며 바다의 주도권을 굳혀 나가고 있다.

제 13 호    조선 전기

# 나라를 구한 백성들 의병이 떴다

임진왜란이 일어나자 유생들은 농민을 모아 의병을 일으켰습니다. 오늘은 의병장으로 활약한 곽재우, 고경명 장군을 모시고 이야기를 들어 보겠습니다.

**큰별**: 두 분 모두 임진왜란 당시 큰 공을 세우셨다고 들었습니다. 먼저 자기소개 부탁드립니다.

**곽재우**: 안녕하세요. 저는 경상남도 의령에서 의병을 일으킨 곽재우입니다. 전쟁 소식이 퍼지자 많은 백성이 불안해하더군요. 누군가는 나서야 한다는 생각이 들어 의병을 일으켰습니다. 그만큼 나라가 위태로운 상황이었지요.

큰별 인터뷰

저는 전라도 지역의 의병을 모아 담양에서 군사를 일으킨 고경명입니다. 원래는 벼슬에서 물러나 고향에서 조용히 지내고 있었어요. 그런데 전쟁이 터졌다는 소식을 듣고 가만히 있을 수 없었습니다.

**각자의 자리에서 나라를 지키려고 힘쓰셨군요. 곽재우 장군께서는 '홍의장군'이라 불리기도 하시잖아요. 이 별명을 스스로 지으셨다고요?**

저는 언제나 붉은 옷을 입고 전장에 나섰습니다. 그래서 사람들은 저를 붉을 '홍(紅)' 자와 옷 '의(衣)' 자를 따서 '홍의장군'이라 불렀지요. 백성들이 제 모습을 보고 용기를 얻었으면 했고, 군사들에게도 같은 붉은 옷을 입혀 적군에게 혼란을 주기도 했습니다.

**정말, 그 붉은 옷만 봐도 힘이 났을 것 같아요! 그러면 두 분께서 실제로 어떤 전투에서 활약하셨는지도 말씀해 주세요.**

저는 지형을 활용한 공격을 많이 했습니다. 산 위에서 의병의 수가 많은 것처럼 꾸며 적에게 혼란을 주거나, 숨어 있다가 공격해 일본군을 괴롭혔고요.

진주 대첩 때는 김시민 장군을 도와 일본군을 물리치기도 했죠. 이 승리로 적군의 전라도 진출을 막을 수 있었습니다.

저는 전라도 지역의 많은 선비와 백성과 힘을 합쳐 큰 의병 부대를 이끌게 되었습니다. 이어 조헌이 이끄는 의병 부대와 힘을 모아 금산 전투에서 일본군과 결전을 벌였지만, 안타깝게 패배하고 말았습니다.

임진왜란 당시 의병 부대는 관군을 지원하고, 백성을 보호했습니다. 이들의 끈질긴 저항은 임진왜란의 흐름을 뒤집는 중요한 역할을 했죠. 지금까지 큰별 기자였습니다.

제 13 호  조선 전기

# 승리의 기쁨보다 반성을 기록한 류성룡

## 류성룡이 남긴 임진왜란 기록

"지나간 잘못을 징계하여 앞으로의 위기를 경계한다"

『징비록』은 조선의 문신 류성룡이 임진왜란의 모든 과정을 상세히 기록한 책입니다. 이순신이 남긴 『난중일기』와 더불어 임진왜란을 연구하는 데 귀중한 사료로 손꼽히지요. 류성룡은 전쟁이 끝나고 관직에서 물러났을 때 이 책을 집필했습니다. 그는 왜 고통스러운 기억을 되새기며 『징비록』을 써 내려갔을까요?

임진왜란이 발발하자, 류성룡은 왕의 명을 받아 군사를 총괄하는 병조판서와 국정을 책임지는 영의정을 동시에 맡게 되었습니다. 말 그대로 나라의 운명을 짊어진 핵심 위치에 서게 된 것이지요. 그는 이순신을 전라좌수사로 추천해 수군을 지휘하도록 한 인물이기도 합니다. 국가적 위기 속에서 류성룡은 인재를 발탁하고 전략을 세우며 누구보다 중요한 역할을 해냈습니다.

7년에 걸친 임진왜란은 조선의 승리로 마무리되었습니다. 하지만 류성룡은 임진왜란 중 있었던 뼈아픈 실패 사례에 주목했습니다. 그는 특히 전쟁 초기에 조선이 왜 그토록 무기력하게 무너졌는지를 깊이 고민했지요.

왕과 대신들의 *안이한 판단, 준비되지 않은 군사력, 지배층의 무책임함까지, 임진왜란으로 불거진 문제점을 하나하나 되짚었습니다. 일본군

**안이하다**
너무 쉽게 여기는 태도가 있다.

# 큰별 칼럼

이 상륙한 지 불과 보름 만에 한양이 함락되고, 임금이 수도를 버리고 피란길에 오른 비극적인 현실도 그대로 기록했지요.

이 모든 반성과 성찰이 『징비록』에 담겨 있습니다. '징비(懲毖)'란 '지난 잘못을 거울삼아 앞으로를 경계한다'는 뜻으로, 과거의 실패를 숨기지 않고 똑바로 바라보며 다시는 같은 실수를 반복하지 않겠다는 다짐을 담고 있습니다. 류성룡에게 『징비록』은 단순한 기록이 아니라 지배층으로서의 부끄러움을 담은 반성문이었죠.

이 책은 전쟁이 끝난 지 약 50년 뒤 후손들에 의해 간행되었고, 이후 일본에서도 출간되었습니다. 『징비록』이 시대와 국경을 넘어 널리 읽힌 까닭은, 그 안에 담긴 교훈이 어느 시대, 어떤 사회에도 통하기 때문입니다.

『징비록』이 전해 주는 가장 큰 가르침은 바로 여기에 있습니다. 자신의 실패를 감추지 않고 솔직하게 드러내며, 그 안에서 교훈을 찾는 태도의 중요성입니다. 또 성공만 내세우기보다 부족함과 잘못을 인정하고 받아들이는 용기가 필요하다는 것도 보여 줍니다. 그리고 그 용기 속에서 비로소 진정한 성장이 시작된다는 사실도 일깨워 줍니다.

과거를 돌아보는 일은 때로 불편하고 고통스러울 수 있습니다. 그러나 그 시간을 마주하고 성찰하는 자세야말로 더 나은 미래로 향하는 첫걸음이 될 것입니다.

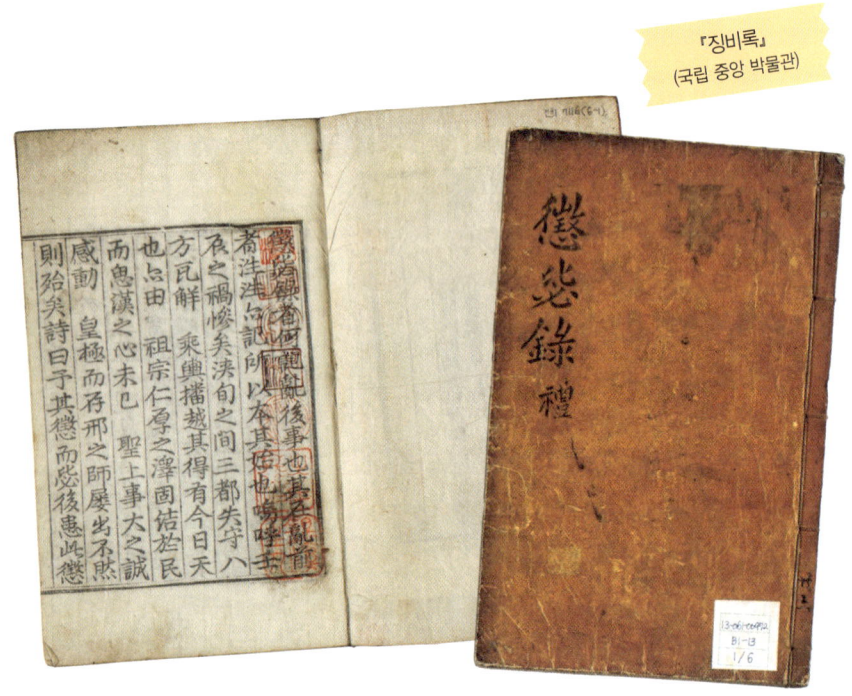

『징비록』
(국립 중앙 박물관)

큰별쌤 최태성의 한국사신문    조선 전기

## 제14호 정유재란이 일어나다

◆ 김시민, 진주 대첩   ◆ 권율, 행주 대첩   ◆ 정유재란   ◆ 이순신, 명량 해전

1. 관민이 힘을 모아 이룬 기적, 진주 대첩
2. 〈큰별 인터뷰〉 행주 대첩의 영웅, 권율을 만나다
3. 끝나지 않은 전쟁, 정유재란이 일어나다
4. 명량 해전, 배 13척으로 130척 격파
5. 〈큰별 칼럼〉 이순신에게 배우는 다시 일어서는 힘

제 14 호　조선 전기

# 관민이 힘을 모아 이룬 기적
## 진주 대첩

### 3,000명 군사로 3만 일본군을 막아 낸 진주 대첩

1592년 10월, 약 3만 명에 달하는 일본군이 진주성을 포위했다. 이에 맞선 조선군의 병력은 단 3,000명에 불과했지만, 진주성 안은 '절대 물러서지 않겠다'는 결연한 의지로 가득했다.

전투는 7일간 이어졌으며, 비록 군사의 수는 적었지만 조선군은 끝까지 성을 지켰다. 군사들뿐 아니라 성안 백성까지 힘을 보태 돌을 나르고 불화살을 쏘는 등 전투에 참여해 끝내 일본군을 물리쳤다.

### 진주성을 사수한 영웅 김시민

**진주 대첩의 승리를 이끈 인물은 진주 \*목사 김시민이다.** 그는 사전에 군사 훈련을 강화하는 한편, 활, 석전, 진천뢰 등 다양한 무기를 준비하며 철저히 대비한 것으로 알려졌다. 또 남녀노소에게 군복을 입혀 병력이 훨씬 많은 것처럼 꾸미는 기지를 발휘하기도 했다.

한편, 성 밖에서는 곽재우가 이끄는 의병 부대가 일본군의 보급로를 차단하며 적의 후방을 압박했다. 성 안팎에서 동시에 전개된 공격에 일본군은 큰 피해를 입었고, 결국 퇴각한 것으로 전해졌다.

한 전략 전문가는 "진주성이 함락되었더라면 전라도 지역까지 일본군이 진격했을지도 모른다. 곡창 지대를 지켜 낸 결정적 승리였다."라고 말하며 "관군, 백성, 그리고 각지에서 모인 의병이 힘을 합쳐 일본군을 방어한 결과"라고 분석했다.

\***목사** 관찰사의 밑에서 지방의 목(牧)을 다스리던 정삼품 외직 문관.

### 김시민 사망 소식, 뒤늦게 알려져

진주성 전투를 승리로 이끈 김시민이 전투 중 입은 부상으로 사망한 사실이 뒤늦게 알려져 충격을 주고 있다. 김시민은 일본군의 조총에 맞아 중상을 입었지만 군사들의 사기가 떨어질 것을 우려해 이를 극비에 부쳤다. 김시민은 부상 후 며칠 만에 숨을 거뒀으며, 장례는 전투가 마무리된 뒤 조용히 치러졌다. 한 병사는 "장군께서 끝까지 우리 곁을 지키고 계신 줄 알았다. 이번 승리는 장군님의 목숨으로 이뤄낸 것"이라며 눈시울을 붉혔다.

제 14 호 　 조선 전기

# 행주 대첩의 영웅 권율을 만나다

한산도 대첩, 진주 대첩과 함께 임진왜란 3대 대첩으로 꼽히는 행주 대첩의 중심에는 바로 권율 장군이 있었습니다. 오늘은 권율 장군을 모시고 승리 비결을 들어 보겠습니다.

**큰별**: 권율 장군님께서는 한양을 되찾기 위한 전투 장소로 행주산성을 선택하셨는데요, 특별한 이유가 있으셨나요?

**권율**: 일본군은 평양성 전투에서 조·명 연합군에게 패한 뒤 한양으로 물러났습니다. 저는 한양을 되찾기 위한 작전을 준비했고, 그 과정에서 일본군을 압박하기에 가장 알맞은 곳으로 행주산성을 선택했습니다.

행주산성은 한양과 가까울 뿐 아니라, 남쪽으로는 한강이 흐르고 동남쪽은 절벽과 가파른 경사가 있어 적군이 쉽게 올라올 수 없었습니다. 게다가 높은 지형에 자리 잡고 있어 아래를 내려다보며 방어하기에도 유리했죠.

**전략적으로 정말 탁월한 선택이네요. 그런데 병력 차이가 워낙 컸던 만큼 쉽지 않은 전투였겠어요. 당시 상황이 어땠는지 더 들려주세요.**

일본군 3만 명이 행주산성을 포위했지만, 산성은 강물과 절벽으로 둘러싸여 있어 우리 조선군이 도망칠 수도 없었죠. 그래서 정말 죽을 각오로 맞서 싸웠습니다. 우리의 주력 무기는 활이었어요. 활을 잘 쏘는 군사를 앞세워 일본군을 공격했고, 화차에는 승자총 40개를 설치해 수많은 탄환을 한꺼번에 퍼부었습니다.

**활과 다양한 무기를 활용했군요. 그런데 백성의 활약도 정말 대단했다고 하던데요?**

그렇습니다. 백성의 도움이 없었다면 승리는 어려웠을 거예요. 일본군이 불을 지르면 백성이 물을 퍼 날라 불을 껐고, 돌을 던지며 적을 막아 냈습니다. 여인들도 돌을 나르며 힘을 보탰습니다. 누구 하나 가만히 있지 않고 자기 자리에서 최선을 다해 싸웠기에 위대한 승리를 만들어 낸 것입니다.

행주 대첩의 승리로 일본군은 남해안까지 후퇴하고, 조선은 한양을 되찾았습니다. 이는 관군과 백성이 힘을 모아 이뤄 낸 값진 결과였죠. 여기까지 큰별 기자였습니다.

제 14 호    조선 전기

# 끝나지 않은 전쟁 정유재란이 일어나다

### 일본, 조선 다시 침략

**1597년, 일본이 다시 대군을 이끌고 조선을 침략했다.** 도요토미 히데요시는 14만 명에 달하는 군사를 파견했고, 백성은 또다시 전쟁의 고통 속에 내몰리게 되었다.

이번 사태는 임진왜란 발발 이후 3년간 이어진 휴전 협상이 *결렬되면서 비롯되었다. 1592년, 전쟁이 시작되자 조선은 명에 지원군을 요청했고, 조·명 연합군은 평양성 전투에서 일본군을 크게 격파했다. 이어 행주 대첩에서도 일본군이 패배하면서 승세는 조·명 연합군 쪽으로 기울었다.

궁지에 몰린 일본은 명에 휴전을 제안했으나, 3년에 걸친 협상은 끝내 결실을 맺지 못했다. 결국 일본은 다시 대군을 일으켜 조선을 침략한 것이다.

### 다시 시작된 전쟁의 악몽

**일본은 3년 전 실패를 교훈 삼아 전략을 바꾸었다. 한양을 곧바로 노리는 대신, 이번에는 경상도와 전라도를 먼저 점령하는 방식을 택한 것이다.**

일본은 임진왜란 때 조선을 꺾지 못한 이유가 이순신이 바다를 지키고 있었기 때문이라고 판단하고, 침략에 앞서 이순신을 제거하려는 음모를 꾸몄다. 조정은 일본의 계책에 속아 무리하게 출정을 명했고, 이순신이 이를 거부하자 그는 관직에서 쫓겨나 감옥에 갇히게 되었다. 이순신 대신 수군을 지휘하게 된 원균은 칠천량에서 일본군에 크게 패배했다.

그러나 군사적 피해보다 더 심각한 문제는 일본군의 잔혹한 *만행이었다. 그들은 점령한 마을에 불을 지르고, 백성을 무자비하게 살해했으며, 식량과 재산을 마구 약탈했다. 일본군의 공격에서 가까스로 살아남은 한 생존자는 "일본군이 전쟁에서 자신의 공을 알리기 위해 조선인의 코와 귀를 잘라 가기도 했어요. 너무나 끔찍하고 무서웠습니다."라고 증언했다.

남해안 방어선이 무너지고 일본군이 충청도를 향해 진격을 시작한 가운데, 조선 조정이 이 혼란을 어떻게 수습할지 온 백성이 숨죽여 지켜보고 있다.

---

***결렬되다** 의견이 합쳐지지 않아 각각 갈라서게 되다.
***만행** 야만스러운 행위.

제 14 호 　 조선 전기

# 명랑 해전
# 배 13척으로 130척 격파

### 절망 속에서 되살아난 조선 수군의 기적

　　1597년, 명량에서 이순신이 이끄는 조선 수군이 일본군을 상대로 기적과 같은 승리를 이뤄 냈다. 칠천량 해전 패배 이후 조선 수군은 완전히 무너진 상황이었다. 조정 내에서는 수군을 완전히 해체하는 방안까지 논의되었으나, 류성룡 등 대신들이 강력히 반대하자 결국 이순신이 삼도수군통제사로 복귀하게 되었다.

　　이순신이 지휘권을 다시 잡았을 때 조선 수군이 보유한 전선은 고작 12척이었다.

반면 일본군은 함선 130여 척을 이끌고 남해로 진격 중이었다. 압도적인 전력 차이에도 불구하고 이순신은 끝까지 싸우겠다는 의지를 굽히지 않았다. 이순신은 배 1척을 추가로 수습하여 총 13척으로 전투에 나선 것으로 알려졌다.

### 물살을 이용해 일본 수군을 격파하다

이순신이 선택한 곳은 전라남도 해남과 진도 사이의 울돌목이었다. '명량'이라고도 불리는 이곳은 물살이 빠르고 수로가 좁아, 대규모 함선이 자유롭게 움직이기 어려운 지형으로 꼽힌다. 이순신은 이 조건을 활용해 일본 수군을 좁은 수로 안으로 유인한 다음 화포를 집중 발사해 적군을 차례차례 격파하는 전술을 펼쳤다.

**그 결과, 함선이 단 13척에 불과한 조선 수군은 130척을 보유한 일본 수군을 상대로 \*전무후무한 승리를 거두었다.** 일본군은 큰 피해를 입고 급히 퇴각했으며, 이 승리로 조선은 해상 주도권을 되찾는 데 성공했다.

이 소식이 전해지자 조선 전역은 환호로 들썩였다. "나라가 다시 살아났다."라는 기쁜 목소리가 이어졌고, 한 백성은 "이순신 장군은 바다 위의 하늘 같은 분"이라며 감격을 전했다.

---

\***전무후무하다** 이전에도 없었고 앞으로도 없다.

제 14 호     조선 전기

# 이순신에게 배우는 다시 일어서는 힘

### 위기를 기회로 만든 영웅

**"신에게는 아직 배가 12척이나 있습니다"**

임진왜란이라는 거대한 전쟁 속에서 이순신은 조선의 바다를 굳건히 지켜 냈습니다. 그가 없었다면 전쟁의 결과는 전혀 다른 모습이었을지도 모릅니다. 일본군에게는 가장 두려운 적이었고, 조선 백성에게는 가장 든든한 희망이었습니다.

하지만 이순신이 처음부터 모든 것을 완벽하게 갖춘 영웅이었던 것은 아닙니다. 그는 무과에 여러 차례 낙방했고, 시험장에서는 말에서 떨어지면서 실격하기도 했습니다. 가까스로 서른두 살에 합격했지만, 억울한 \*누명을 쓰고 벼슬에서 물러나야 하는 일도 겪었습니다.

그래도 그는 좌절하지 않았습니다. 전라좌수사로 임명된 이후, 평소에도 군대를 실제 전투처럼 훈련시켰고, 언제 닥칠지 모를 전쟁에 대비했습니다. **마침내 임진왜란이 발발하자, 육지에서는 조선군이 줄줄이 패배하는 가운데에도 이순신이 이끄는 수군은 단 한 번도 무너지지 않았습니다.** 옥포, 당포, 한산도 해전에서 연이어 승리를 거두며 바다를 지켜 낸 그는, 마침내 조선 수군 전체를 지휘하는 삼도수군통제사가 됩니다.

일본도 잘 알고 있었습니다. 이순신이 살아 있는 한 자신들이 바다를 차지할 수 없다는 사실을 말이죠. 그래서 일본은 자신들이 진군할 길을

**누명**
사실이 아닌 일로 이름을 더럽히는 억울한 평판.

큰별 칼럼

거짓으로 알려 줍니다. 가짜 정보에 속은 조선 선조는 이순신에게 출정을 명하지만 일본의 함정임을 간파한 이순신은 명령을 거부합니다. 이 일로 이순신은 관직을 빼앗기고 옥에 갇혀 모진 고문을 받고, *백의종군하라는 명령을 받게 되지요. 결국 일본이 바라던 상황이 된 겁니다. 이순신은 이런 상황에서 어머니가 돌아가셨다는 슬픈 소식까지 듣게 되지요.

이순신이 백의종군하는 사이 조선 수군은 칠천량 해전에서 크게 패합니다. 수군이 완전히 없어질 위기였죠. 그러자 선조는 이순신을 다시 삼도수군통제사로 임명해 바다로 복귀시킵니다.

**백의종군하다**
벼슬 없이 군대를 따라 싸움터로 가다.

병사도 식량도 부족했고, 전선 역시 칠천량에서 도망친 배 12척뿐이었지요. 선조도 가망이 없으니 바다를 포기하고 육군에 합류하라고 할 정도였습니다. 그러자 이순신은 선조에게 편지를 씁니다. 그 편지에는 다음과 같은 내용이 담겨 있었죠.

> "저에게는 오히려 배가 열두 척이나 있습니다.
> 죽을힘을 다해 싸운다면 이길 수 있습니다."

**많은 이가 배 12척을 '고작'이라고 여겼지만, 이순신은 '오히려' 그만큼 남아 있다고 말했습니다. 시선을 조금 바꾼 것뿐인데, 결과는 완전히 달라졌습니다.** 그는 배 12척에 한 척을 더해 13척으로 130여 척에 이르는 일본군을 상대했고, 명량 해전에서 기적 같은 승리를 이뤄 냈습니다.

우리는 종종 실수하거나 실패를 경험합니다. 그럴 때면 '나는 왜 고작 이것밖에 안 될까'라는 생각이 들기도 합니다. 그렇지만 우리는 지금의 어려움을 이겨 낼 배 12척을 가지고 있습니다. 우리 모두에게는 어려움을 이길 충분한 힘이 있지요. 그러니 포기하지 말고 씩씩하게 각자의 어려움에 맞서 승리했으면 좋겠습니다.

큰별쌤 최태성의 한국사신문 　　　　　　　　　　　조선 전기

## 제 15 호 　임진왜란 그 이후

◆ 사명 대사 유정　◆ 이삼평

1. 유정의 활약으로, 일본에 끌려간 포로 귀환
2. 〈큰별 인터뷰〉 조선의 도자기 기술로 일본을 놀라게 하다
3. 〈큰별 칼럼〉 임진왜란 이후 조선의 미래는 어디로?

제 15 호    조선 전기

# 유정의 활약으로 일본에 끌려간 포로 귀환

### 담판 끝에 조선 포로 3,500여 명 귀환

1604년, 임진왜란 때 일본으로 끌려갔던 조선인 포로들이 마침내 고향 땅을 밟았다. 이번에 돌아온 인원은 약 3,500명에 이른다.

임진왜란이 끝난 뒤 일본의 혼란을 수습하고 에도 막부를 세운 도쿠가와 이에야스는 단절된 조선과의 관계를 회복하고 싶다는 뜻을 전했다. 이에 조선 정부는 사명 대사 유정을 특사로 보내 국교 재개와 포로 *송환 문제를 논의하게 했다.

큰별 기사

유정은 도쿠가와와 여러 차례 협상을 벌였고, 치열한 논의 끝에 일본은 포로 송환을 받아들였다. 그 결과 백성 수천 명이 무사히 고향으로 돌아올 수 있었다. 귀환한 한 포로는 "다시 조선 땅을 밟게 될 줄 몰랐다."라고 말하며 눈시울을 붉혔다.

### 전쟁터부터 외교전까지 활약한 유정

사명 대사 유정은 전쟁 중에도 활약한 바 있다. 임진왜란이 일어나자 스승 서산 대사의 명을 받아 승병 1,500명을 이끌고 의병장으로 나섰다. 그는 평양성 전투에 참여했을 뿐 아니라, 성곽을 수리하고 방어선을 세우며 군량을 확보하는 일에도 앞장섰다.

전쟁이 끝난 뒤, 그는 무기를 내려놓고 외교 무대에 나서 포로 송환이라는 큰 성과를 거두었다. 조선 정부는 "수많은 백성이 고향으로 돌아올 수 있었던 것은 사명 대사 유정의 공이 크다."라며 그의 노고를 높이 평가했다.

*__송환__  포로로 입국한 사람 등을 본국으로 돌려보냄.

제 15 호    조선 전기

# 조선의 도자기 기술로 일본을 놀라게 하다

임진왜란이 일어난 뒤 수많은 조선인이 포로가 되어 일본으로 끌려갔습니다. 그 가운데는 도자기를 만들던 도공도 있었지요. 오늘은 그중 한 분인 도공 이삼평 님을 모시고 이야기를 들어 보겠습니다.

**큰별**: 임진왜란 때에 일본으로 붙잡혀 가셨다고 들었습니다. 이삼평 님이 만든 도자기가 일본에서 아주 큰 인기를 끌었다고 하던데요?

**이삼평**: 맞습니다. 1596년, 전쟁이 한창일 때였어요. 일본 장수가 조선을 떠나면서 저와 저희 가족, 그리고 여러 도공을 포로로 데려갔지요. 그땐 일본의 도자기 기술이 조선보다 한참 부족했거든요. 그런데 조선 도공들의 솜씨는 워

큰별 인터뷰

낙 뛰어났으니까 그들이 그냥 두고 갈 리가 없었지요.

그렇게 저희는 일본 규슈의 아리타라는 마을에 자리를 잡게 됐습니다. 그곳에서 도자기를 만들기에 딱 좋은 흙을 발견했어요. 그래서 가마를 짓고 백자를 만들기 시작했는데, 그게 일본 지배층 사이에서 엄청난 인기를 끌었지요. 나중에는 일본의 도자기가 유럽과 아프리카까지 수출됐다니, 참 놀라운 일이 아닙니까?

**일본 아리타 마을의 영웅이셨네요. 포로로 끌려가긴 했지만, 그곳에서 계속 도공의 삶을 이어 가셨군요.**

그렇지요. 제가 할 수 있는 건 도자기를 굽는 일뿐이었으니까요. 저희가 만든 백자가 워낙 잘 팔리니까, 일본 영주들한테 지원도 받을 수 있었어요. 가마도 새로 짓게 해 주고 생활도 안정적으로 할 수 있었지요. 제 후손들도 아리타 마을에서 도자기를 만들게 되었죠.

**일본에서 이름을 알리고, 도자기 역사에도 큰 흔적을 남기셨다니 정말 대단하십니다. 혹시 아쉬운 점은 없으셨을까요?**

음, 당연히 조선에 계속 남아 있었다면 어땠을까 하는 아쉬움이 들긴 합니다. 임진왜란만 아니었더라면 조선에 남아 더 좋은 기술을 연구하고, 조선의 도자기 기술을 발전시킬 수 있었을 테니까요.

저뿐 아니라 학자와 장인 등 수많은 인재가 일본으로 끌려갔습니다. 그중 상당수는 끝내 고향 땅을 다시 밟지 못했지요. 다 지나간 일이지만, 조선을 위해 끝까지 일하지 못한 건 지금도 마음속에 아쉬움으로 남아 있습니다.

7년 동안 전쟁터가 된 조선은 국토가 황폐해지고 수많은 사람이 목숨을 잃는 등 막대한 피해를 입었습니다. 반면 일본 역시 오랜 전쟁으로 타격을 입었지만, 조선에서 전해진 문물을 바탕으로 문화적 발전을 이룰 수 있었습니다. 지금까지 큰별 기자였습니다.

제 15 호　　조선 전기

# 임진왜란 이후 조선의 미래는 어디로?

## 백성이 등을 돌린 그날

### "왕이 백성을 버리고 도망가다"

1592년 발발한 임진왜란은 조선 사회의 근간을 뒤흔든 전쟁이었습니다. 조선은 유교 이념을 바탕으로 세워진 나라였고, 임금은 백성의 부모로서 그들을 보살피는 것이 가장 큰 책무였습니다. 그러나 전쟁이 닥치자 선조와 지배층은 이 책임을 다하지 못했고, 나라는 순식간에 위기에 빠졌습니다.

일본군이 부산에 상륙해 빠른 속도로 한양을 향해 진격하자 조정은 큰 혼란에 휩싸였습니다. 전쟁이 시작된 지 보름 남짓 지난 6월 12일, 선조는 대신들과 함께 한양을 떠나 의주로 피란했습니다. 그러나 백성에게는 충분한 설명도, 대비책도 전해지지 않았습니다. 뒤늦게 소식을 들은 백성이 몰려와 울부짖었지만, 왕의 행렬은 북쪽으로 사라져 갔습니다.

왕이 수도를 버리자 민심은 크게 흔들렸습니다. 그 와중에 선조의 아들 임해군과 신성군이 피란 도중 일본군에게 붙잡히는 사건이 벌어졌습니다. 일부 백성은 이들을 보호하기는커녕 오히려 행방을 알렸습니다. 이는 백성이 왕실에 대해 느낀 실망을 잘 보여 주는 장면입니다.

그러나 혼란 속에서도 나라를 지탱하려 애쓴 사람들이 있었습니다. 첫 번째로 소개할 인물은 선조의 또 다른 아들, 광해군입니다. 그는 임시 정부 격인 분조(分朝)를 이끌고, 명과의 외교를 책임지고, 의병과 협력해 일본군에 맞섰습니다. 그는 백성과 고통을 함께하며 현장을 지켰습니다. 절망적인 시기에 백성은 광해군의 모습에서 지도자의 진정한 덕목을 보았습니다. 그는 위기 속에서 책임을 다하고 백성과 함께할 때 진정한 지도자로 인정받을 수 있다는 사실을 보여 주었습니다.

나라를 지켜 낸 또 다른 주역은 백성이었습니다. 곽재우, 고경명 같은 의병장뿐 아니라 이름조차 남기지 못한 수많은 사람이 의병이 되어 일본군과 맞서 싸웠습니다. 그들은 누구의 명령을 받아 움직인 것이 아니었습니다. 내 가족과 내 나라를 지키기 위한 결심으로 스스로 무기를 들고 전장에 나선 것입니다. 그들의 행동은 단순히 적의 진격을 막는 것을 넘어, 나라를 지탱하는 힘이 결국 백성에게 있음을 분명히 보여 주었습니다.

임진왜란은 조선에 깊은 상처를 남겼습니다. 하지만 이 전쟁은 하나의 분명한 사실을 일깨워 주었습니다. **나라를 지킨 힘은 도망친 임금이 아니라, 끝까지 책임을 다한 이들과 위기를 극복하기 위해 최선을 다한 백성에게서 나왔다는 것입니다.**

전쟁은 조선 사회에 큰 전환점을 남겼습니다. 무너진 삶의 터전을 다시 일으키기 위해 백성은 새로운 농법과 생산 방식을 받아들이며 *재건에 나섰습니다. 이 과정에서 백성의 의식은 더욱 성장했고, 이는 조선 사회의 변화를 이끄는 새로운 물결로 이어졌습니다.

**재건**
허물어진 건물이나 조직을 다시 일으켜 세움.

## 사진 출처

**간송미술문화재단**
70쪽 | 훈민정음해례본

**국가유산청**
17쪽 | 경복궁 전경, 136쪽 | 영주 소수서원

**국립고궁박물관**
24쪽 | 천상열차분야지도

**국립중앙박물관**
48쪽 | 분청사기 인화 무늬 대접, 분청사기 조화 연꽃 물고기 무늬 병, 64쪽 | 삼강행실도, 94쪽 | 경국대전, 96쪽 | 동국통감
97쪽 | 국조오례의, 동국여지승람, 129쪽 | 백자 상감 나무무늬 병, 묵죽도, 145쪽 | 초충도, 146쪽 | 이곡산수병, 156쪽 | 징비록

**클립아트코리아**
표지 | 경복궁 근정전

**위키피디아**
36쪽 | 혼일강리역대국도지도

**한국관광공사**
55쪽 | 세종 대왕 동상

**한국민족문화대백과사전**
97쪽 | 악학궤범

**한국학중앙연구원**
129쪽 | 백자 청화 매죽문 항아리

\* 이 책에 수록된 사진은 박물관과 저작권자의 허가를 받아 사용했습니다.
\* 이 책에 수록된 사진 중 출처가 불명확하여 허가를 받지 못한 일부 사진에 대해서는 저작권자가 확인되는 대로 게재 허락을 받고 사용료를 지불하겠습니다.

---

# 큰별쌤 최태성의 한국사신문
## ③ 조선 전기

**1판 1쇄 인쇄** 2025년 8월 20일  **1판 1쇄 발행** 2025년 8월 25일

**기획·글** 최태성  **글** 김혜성  **그림** 송진욱
**연구 및 검수** 별별한국사연구소(곽승연, 이상선, 김혜진, 권혜성)

**펴낸이** 박기석  **홀런운영본부장** 함근영  **콘텐츠기획실장** 조미현
**출판팀장** 오성임  **편집** 하명희  **마케팅** 김민지, 김참별
**책임편집** 성주은  **디자인** 도토리
**펴낸곳** 아이스크림북스  **출판등록** 2013년 8월 26일 제2013-000241호
**사용연령** 8세 이상  **제조연월** 2025년 8월  **제조국** 대한민국

**주소** (06771) 서울시 서초구 매헌로 16 하이브랜드빌딩 18층
**전화** 02-3440-4604
**이메일** books@i-screamedu.co.kr
**인스타그램** @iscreambooks

 최태성, 김혜성, 송진욱, 2025

※아이스크림북스는 ㈜아이스크림에듀의 출판 브랜드입니다.
※이 책을 무단 복사·복제·전재하면 저작권법에 저촉됩니다.
※잘못 만들어진 책은 구입하신 곳에서 교환해 드립니다.

**ISBN** 979-11-6108-773-3(74910)